中国社区团购管理

促进消费升级的"新五力模型"

- 理论风口力
- 模式整合力
- 团长领导力
- 服务创造力
- 运营社群力

李育冬 著
尹传高

企业管理出版社
ENTERPRISE MANAGEMENT PUBLISHING HOUSE

图书在版编目（CIP）数据

中国社区团购管理：促进消费升级的"新五力模型"/
李育冬，尹传高著. — 北京：企业管理出版社，
2023.9

ISBN 978-7-5164-2926-6

Ⅰ.①中… Ⅱ.①李…②尹… Ⅲ.①消费经济学 –
研究 – 中国 Ⅳ.① F126.1

中国国家版本馆 CIP 数据核字（2023）第 184651 号

书　　名：	中国社区团购管理：促进消费升级的"新五力模型"
书　　号：	ISBN 978-7-5164-2926-6
作　　者：	李育冬　尹传高
策　　划：	杨慧芳
责任编辑：	杨慧芳
出版发行：	企业管理出版社
经　　销：	新华书店
地　　址：	北京市海淀区紫竹院南路 17 号　　邮编：100048
网　　址：	http://www.emph.cn　　　　电子信箱：314819720@qq.com
电　　话：	编辑部（010）68420309　　发行部（010）68701816
印　　刷：	北京亿友创新科技发展有限公司
版　　次：	2024 年 1 月第 1 版
印　　次：	2024 年 1 月第 1 次印刷
开　　本：	710mm×1000mm　　1/16
印　　张：	11.75 印张
字　　数：	157 千字
定　　价：	68.00 元

版权所有　翻印必究·印装有误　负责调换

推荐序一

社区团购是实现中国统一大市场的必要形式

回忆过去，意味着痛苦；展望未来，意味着迷茫；活在当下，意味着幸福。这是人生的一种感悟。这种人生感悟是知行合一的哲学精髓，这意味着我们总是难以特别是一开始就把事情做得无比完美，经常性的试错和修正是人类行为的基本特质。既然如此，我们就应该把当下的每一件事情尽可能地做好，有了这样一种心境，也就不必过分在乎所做的事情是否完美。只要我们总是热情如火地拥抱这个世界，尽可能脚踏实地地做好当下的每一件事，进步就成为必然。

有幸作为商务部内贸和政策专家，我亲身经历了中国商品流通业改革发展的过程，参加了商务部组织的相关咨询研讨会，实实在在地感知到中国商品流通的难点和痛点，正如本书所讲的两个"最后一公里"，这事关商品流通的全局以及最终能否满足人们的消费需要。社区团购可以真正地促进消费升级，可以把好的产品和服务带给消费者，能够更好地提高消费者的满足感。社区团购也可以有效地推动供给侧结构性改革。社区团购强调的"以人为本，服务至上"的商业模式还会对中国新型市场经济的发展起到促进作用。社区团购会成为实现中国统一大市场的必要形式。

作者作为一名长期专职研究商品流通的专家，领悟到了社区团购的商业机会和发展使命，并通过构建中健团社区团购发展平台的实践，提炼出基于操作的"人、货、场、新社群"理论和新五力模型，具有鲜明的时代特色和实践意义。本书是一部以新实践为基础并具有理论创新的专著。希望本书能够为更多商业理论创新者和社区服务者带来价值。

谢志华

商务部聘任内贸专家，北京工商大学原副校长、博士生导师、教授

推荐序二

探索社区团购的创新业态发展之路

一、社区团购

社区团购可以从商铺角度和社区居民角度定义。从商铺角度来看,社区团购是指社区商铺通过线上线下的方式为社区内居民提供团购服务,促进商铺对核心客户的精准化营销,提高商铺的知名度和美誉度,从而提升营销效果。从居民的角度来看,社区团购是指社区居民以团体购物方式实施的消费行为。社区团购可以与"前置仓""团长""30分钟购物"等概念关联起来。

二、社会团购热

10多年来,农产品现代流通领域经历了3次热潮,即生鲜电商、社区团购、预制菜3个发展阶段。社区团购作为一种业态早就存在,然而2019—2022年新冠疫情"催熟"社区团购,同时加速培育、强化了线上渠道消费模式。2020—2022年,社区团购先后经历了2020年、2021年、2022年3次热潮。2016年,我国社区团购仅覆盖0.95亿人,到2020年达到4.7亿人,到2022年达到8.76亿人。

2020年年底,全国社区团购全年成交总额为751.3亿元,同比增长78%;2021年社区团购市场规模达1205.1亿元,日均件数从年初的4000万增长到1亿。2021年6月25日、29日，每日优鲜、叮咚买菜先后在美国上市，每日优鲜上市首日破发，叮咚买菜发行价达23.5美元。2022年社区团购市场规模超2000亿元。2018—2022年社区团购交易额概况如图0-1所示。

2018—2022年社区团购交易额（亿元）

年份	交易额
2018年	85
2019年	340
2020年	751.3
2021年	1205.1
2022年	2000

图0-1　2018—2022年社区团购交易额概况（洪涛制图）

三、社区团购研究现状

2022年，社区团购遭遇到了"惨烈"危机，随着每日优鲜、叮咚买菜、滴滴、拼多多、美团等网络企业进入社区团购市场，同程生活、食享会、橙心优选、十荟团、兴盛优选等许多中小企业相继退缩。2022年2月，美团优选开始裁员动作，代理侧、直代侧都有大幅裁员。2022年3月，十荟团在全国城市的所有业务均已关停，公司进入善后阶段，主要处理供应商货款的清算事宜及员工工资的结算赔付问题。盒马邻里接连撤城，重点守护上海等重点基地，兴盛优选关站裁员，美团优选也关停相应的业务，橙心优选转型采销运平台"橙掌柜"。

2022年上半年，美团优选、多多买菜、淘菜菜组成的梯队占领了市场半数以上的份额。截至2022年上半年，美团优选的社区团购市场份额达到38%，仅次于多多买菜的45%。

新冠疫情驱使消费者不得不接纳社区团购，但是在新冠疫情之后，这一消费习惯却并没有被充分地延续下去，让线下实体店斩获了一波"报复性消费"浪潮。作为社区团购的先驱者，兴盛优选的业务也由11个省（区、市）退缩至湖南、湖北、江西、广东四省（区、市），兴盛优选不得不调整自己的发展战略，选择稳定发展的策略。

根据2022年财报：2021年每日优鲜净亏损超30亿元，4年亏损超百亿元，2022年全职员工仅剩55人。也有"好消息"，即叮咚买菜到2022年年底实现盈利，从其财报看出，毛利率上升、履单费用率优化、营销费用下降。盒马也实现盈利。美团的2022年第四季度报显示，其第四季度营收601.3亿元，调整后的净利润8.3亿元。

下面就叮咚买菜做重点分析。

① 叮咚买菜实现全面盈利。一是得益于新冠疫情的影响，人们对社区团购新模式逐渐习惯。二是叮咚买菜对消费市场模式进行了创新探索。三是叮咚买菜经历了其经营模式的生命周期，进入盈利点这一新时期。四是叮咚买菜毛利率上升、履单费用率优化、营销费用下降，表明管理效果开始显示。

② 当社会进入"后疫情期"后，人们对社区团购业态的依赖会相对减弱，叮咚买菜模式确实面临着考验，如何更好地增强社区团购业态模式对消费市场的黏性具有重要的意义。

四、本书的创新之处及研究意义

尹传高先生撰写的《中国社区团购管理》，可以说是对社区团购的系统理论思考。

一是本书认为社区团购理论是流通理论创新的"最后一公里"，具有一定的理论创新空间。

二是社区团购把渠道建设和直接消费者相结合，是对经典营销理论的拓展，这催生了新营销学。

三是传统服务营销理论是以店铺为核心，社区团购是以消费者为核心，其服务内容有更深远的拓展，并与社会公益形式进行融合，这里面蕴含着许多管理创新思想。

四是社区团购重视线下服务，重视服务流量变现，目前社区团购理论研究比较少，需要丰富和完善。

五是社区团购与企业的社会化运动有着直接的关联，社区团购理论需要进一步补充和完善，有着强大的理论生命力量。

六是社区团购管理之精髓在于与传统企业管理的再设计、再定位、再组织和定制经济等多种创新经济模式紧密结合。

七是企业应对社区团购部门开展战略研究和规划，这对企业本质的改变和发展将是变革性的，可以改变企业的管理体系。

本书在总结的基础上，提出了现代社区团购管理促进消费升级的"新五力模型"（理论风口力、模式整合力、团长领导力、服务创造力、运营社区力），具有重要的现实意义。

五、社区团购需要理性发展

社区团购是我国消费升级过程中创新的一种新业态，它满足了社会的需求，探索了一种新的消费模式，特别是蔬菜、水果、水产品、肉类等生鲜产品能够实现消费者在线下单，商家送货到家，或者消费者到店取货。

这种业态丰富了居民的生活，也催生了即时零售、兴趣电商，以满足人们对美好品质的即时消费、兴趣消费等多种消费需求。

因此，社区团购作为一种新的业态也需要不断完善，并和其他业态形成错位竞争，形成一种生态关系。当前社区团购更需要理论指导，我殷切希望《中国社区团购管理》出版，将会促进社区团购创新发展、可持续发展。

洪　涛

商务部聘任专家，北京工商大学博士生导师、教授

推荐序三

社区团购需要系统性的理论支撑

社区团购相较大超市,更具便利性,可以省力;相较便利店,更具实惠性,可以省钱;相较网购平台,更具快捷性,可以省时;相较直播带货,更具真实性,可以省心。因此,社区团购作为商业领域的新业态,其发展前景十分广阔,有望成为社区商业的重要业态。通过这种局域化、群体性和程序化的团购形式,引领真实的社区、真实的居民和真实的商家进入融合购物的新体验通道,促进社区购物消费行为的规范化、系统化、标准化。

但是,社区团购需要有理论支撑,需要有政策引领,需要规范推进。如何通过社区商铺为社区居民提供团购服务,让居民得到实惠,让商家赚到利润,让社区商业氛围和环境更优,让市场对居民的关爱更多?其内在的规律是什么?资本的兴奋点在哪里?发展的路径如何走?多方利益如何兼顾?与国家建立统一大市场的宗旨如何对接?如何促进社区团购对核心客户的精准化宣传和消费刺激?如何实现社区团购品牌知名度和美誉度的提升?如何避免超低价补贴引起的市场无序竞争?如何避免资本跟风入局甚至搅局?如何构建社区团购所需要的供应链并准确把控和整合生鲜物流?社区团购对当前促消费稳增长的助益在哪里?这些问题,均需要一一研究,逐项解决。

尝试做这种研究注定是一项艰辛的脑力劳动,需要寻找大量案例,需要分析大量数据，需要走访大量商家，需要调查大量居民，需要论证社区团购模式的先进性，需要析出社区团购的社会价值和经济价值，等等，工作量极大。

然而，本书作者尹传高先生注意到社区团购的价值和意义，不辞辛苦，对此进行了卓有成效的研究，探寻了社区团购的规律，提出了若干社区团购理论，对社区团购投资方、经营方和社区居民具有一定的参考价值和借鉴意义。本书体系完整，数据充分，论证深入，学术成果积极有益。

宋向清

知名经济学家，北京师范大学政府管理研究院副院长

中国商业经济学会副会长，中国商业史学会副会长

推荐序四

社区团购管理的实质是信用管理

我和作者尹传高相识于中国商业经济学会。在他们身上,我看到了中国商业经济发展的一些关键脉动,目睹了中国商业流通领域的一些关键的创新和里程碑式的项目和工程。我敬佩作者"以问题为导向"的学术风格和掷地有声的实践方法。我欣喜地看到,《中国社区团购管理》一书就是又一个学术起点,在中国高质量经济发展的当代,只有做好社区服务和促进社区消费升级,所谓"结构改革"才可以实现。

"大道之行也,天下为公,选贤与能,讲信修睦。"《礼记》中的这句话,大意是说,天下是人们所共有的,把品德高尚、能力过硬的人选拔出来,人人讲究诚信,谋求和睦,大道方能得以施行。中华传统文化非常注重以诚信、和合来调节人与人之间的关系,中华民族数千年来始终把讲信修睦、与人为善当作一条重要原则,守诚信、尚和合。例如,"信,国之宝也,民之所庇也""诚信者,天下之结也""亲仁善邻,国之宝也""救灾恤邻,道也"等。社区团购正是一个更加强调信用的商业模式,以信为本、为魂,才可以推进消费升级,做到信而施之、信而买之。

《后汉书》中记载了一个小故事,发人深省。当时的并州牧郭伋勤政爱民,讲信守诺。有一次,郭伋出城之后许多儿童骑着竹马前来相送,儿童们问郭伋什么时候回来,郭伋让随从计算好来回的行程并坦诚相告。儿童们说，等并州牧回来的那一天，我们一定到这里相迎。然而，计划赶不上变化，郭伋回来的日子比原定日程提前了一天。为了不爽约，郭伋就在城外野亭住了一宿，等到第二天再进城。

诚信，是一种品质，一言既出，驷马难追；诚信，也是一种责任，言出必行，行必有果。一个人以诚信为本，就能立身社会，亦可成就事业。中华民族历来推崇"诚外无物"，强调"君子养心，莫善于诚""处己、事上、临下，皆当如诚为主"。对于诚信的执着与坚守，可以说已深深熔铸于国人的精神血脉，成为中华传统美德的精神基因。千百年来，商鞅"徙木立信"的故事妇孺皆知，季布"一诺千金"的佳话广为流传，人们心向往之、行践履之。以诚待人、以信做事，就能建立个人的口碑和信誉，长此以往积累的诚信红利，也会帮助个人获得更多认可和机遇。

在中国商业经济学会共事期间，2019年，在尹传高博士的领导下，学会筹建了学会信用委员会和国财信国际信用评级中心，我们一起和中国的学术团队建立了商业信用评价的团体标准，感念之深，至今不能忘记。我在《中国社区团购管理》一书中读到了我们所强调的构建信用社会的诸多观点，感慨良多。

细读本书，我感受到了来自作者思想的力量，作者之前出版的《诗哲体》内容也沉淀在本书中，这也算是我与众不同的发现吧。

李　旗
中商商业工程技术研究院创始副院长
中国商业经济学会副秘书长

推荐序五

社区团购带活了中国市场的营销创新

随着互联网等数字化技术的发展,消费者购物行为和习惯发生了根本性变化,数字化营销时代的到来使得传统的营销理论需要创新才能适应当代市场的新发展。

目前,中国商业营销的发展呈现出水平化、社群化、口碑化的特征,社区团购作为一种新型的营销创新模式,在实践中快速发展,获得了消费者的喜爱和信赖,为品牌升级探索出了新的领域和空间。

本书在实践的基础上为社区团购提供了理论的创新,丰富了营销渠道理论,特别是从营销战略的角度对定制经济和真正的消费者价值做出了专业的说明,提供了操作思路。

第一,渠道的建设是围绕消费者购物习惯展开的,社区团购正是因为适应了消费者的购物需求而获得了蓬勃发展;第二,数字化技术为社区团购创新发展提供了技术基础,能够实现信息的共享,将线上线下的活动整合,从而促进了消费者便利性和体验性的统一;第三,社区团购解决了消费者品牌信任的问题,跳出了传统营销中信息流与实物流分离的现象;第四,社区团购通过口碑化的传播,大大降低了传播成本,增强了信任感,实现由纵向营销向水平化营销的转变,通过裂变提高了营销效率;第五,企业的营销与社会化服务相结合,社区团购离消费者的生活更贴近,从而满足了消费者价值的多元化需求！

  未来的营销将更加数字化、社会化、定制化和注重文化体验。社区团购正是适应了这种发展趋势，使得消费者足不出户，尽享最优产品和服务。

  《中国社区团购管理》一书用详细的资料、创新的思维，前瞻性地为社区团购提出了理论创新和实践的方法。

  破局之道，在于心，在于势，在于专业，在于思之极致。我非常高兴看到作者的这样一本里程碑式的创新力作问世。

吴洪刚

武汉大学营销专业博士，资深营销专家

中商研究院高级研究员

自 序

社区团购的"专业四问"和"十大愿望"

一、社区团购的"专业四问"

1. 社区团购的专业价值在哪里

在担任中国商业经济学会秘书长期间,我一直在思考中国商业流通产业的发展,因此向商务部相关部门提交了《中国农产品流通产业的机会点和整合之道》调研报告。该报告提出了两个"最后一公里"的商业流通困境,第一个"最后一公里"指的是农产品从田间流通到主干道,第二个"最后一公里"指的是农产品从主干道流通到社区居民手中,它们面临着流通困境。

《中国(上海)社区团购发展报告(2022版)》(中健团主编)回顾了社区团购的发展历程,有人看到了这样一个需求:社区团购不是传统的商业渠道,也不是所谓的个人渠道,而是家庭消费,是一个整合性的消费对象。在我看来,它是综合性的,是战略性的,甚至可以说是决定性的。因此,社区团购将是一个长期的商业发展事业,可以被定义为商业模式再设计、品牌发展再出发、营销规划再整合的系统工程。

也就是说,社区团购将会成为中国消费品企业未来管理创新的连接点。未来20年,很多企业管理变革的起点将是社区团购认知战。

2. 社区团购的消费升级是如何形成的

马克思说,消费并不完全都是劳动力的再生产过程,真正的消费就是一种人性的恢复过程。当消费越来越内卷时，不要焦虑，因为消费不是人的一腔孤欲的满足，不是为了彰显个性的攀比，请回归内心，回归人与人、人与天之间的和谐共生。当今的消费课题就是一个真正的人性健康发展的问题，是涉及人的全面发展的真正课题。

家庭需求不仅仅只有一日三餐，柴米油盐固然重要，但深化下去，家庭需求有很多层面，不仅包含衣食住行，更多的是提升生活品质，是对精神与物质相统一的产品的追求。为此，家庭需求需要和中国企业供给侧结构性改革结合起来，优质的产品必然要和对应的消费群体连接，上乘的服务更要打通"最后一公里"，让产品走进千家万户，满足社区居民的日常消费和生活所需，这才是社区团购真正的商业意义。

团购群体和个体服务可以带动居民生活消费的增长，尤其是文化需求的增长。团购成长工程只有把日益增长的居民精神文化需求作为服务目标，才会真正推动社区服务品质的持续发展与提升。因此，社区团购需要把具体的实物性的产品消费和抽象的文化消费结合起来，才能形成完整概念。

中健团主办的作文"登高"活动就是一种有益的尝试。它让文化进入社区，让文采点燃社区，这样的团购事业才更接地气，才更有发展前景。

3. 社会需要什么样的社区团购服务

为建设新型社区团购的团长工程，新型团长必须能够真正全面地理解社区服务。利用经典的服务差距模型得出结论：社区团购服务体系包含客户对服务的期望、客户对服务的感知、团长对服务标准的认识、制定服务的标准、团购群体对相关服务标准的执行、对客户服务标准的创新等。其中，社区团购团长对社区居民服务和创新的理解及服务标准的制定和执行是关键。目前，社区团购采用的基本方法是建立消费群，了解居民对产品的需求，从而提供服务、引导购买。由此可以看出，目前的社区团购还处于非常初级的阶段，居民日益增长的对美好生活的需求，亟须社区团购不断创新产品供应和服务形式，深入了解和洞察社区团购商业发展路径。

4.社区团购生态链的关键创新点是什么

社区团购生态链的关键因素是基于产品生产的供应链、社区团长和导购服务、居民需求、社区服务空间运营与管理。在有效整合以上关键因素的基础上，可构建"品鉴联盟模式"。采用这个模式，可以有效撬动供应链合作。大力推动"销售型的品鉴联盟模式"，可以实现品鉴和销售的一体化发展，从而带动新型团长及团员的招募、学习和就业。同时，采用"品鉴联盟模式"可以带动社区相关服务空间的开发和利用，通过增值服务创造新的盈利模式。

招募和培育新型团长是社区团购成败的关键。中商研究院正着手编写《社区团购管理》教材，旨在运用科学完备的教材，培训新型社区团购团长和团员，这也是社区团购发展的重要环节。

以上四问，涉及社区团购新的"人、货、场"理论。本书主要围绕这样的理论体系和架构做创新思考和实践部署。以上四问，是对社区团购理论研究和实践操作中面临的深层次问题的描述和总结，希望这样的研究可以推动社区团购事业行稳致远。

二、社区团购的"十大愿望"

第一个愿望：希望中国实体终端面临的困境，如就业问题、产品生产问题、供应链问题、销售与服务问题等都能得到解决。

第二个愿望：民营经济持续健康发展。近10年来，国进民退的舆论和思潮严重影响着中国民营经济的创新发展，社会大环境对民营经济产生了不利影响。而中国产业和商业的创新能力和创新价值正是民营经济的"天赋"和"基因"，也是其命运的必然结果，我们只要把这样的创新价值交付给民营经济，国家的良性就业和公平财富分配、共同富裕的国策才可以逐步得以实现。

第三个愿望：运用数字经济激活存量。中国继续把地产作为支柱产业，是发展振兴实体经济的新版本，从企业转型升级和探索新商业模式方面思考，也是一个信心的支持，但所有的产业如果还停留在原先的经营模式上，那就没有真正理解国家政策的本意。要建立"双实企业"，数字经济赋能就是关键。数字经济要注意对存量资产的整合和激活，要发挥其技术的能力、工具的力量。

第四个愿望：关注消费升级。中国改革开放40多年来，构建了一整套相对成熟的产业链，解决了人民的吃饭问题。所以再发展下去就是要解决吃得更好的问题，即消费升级，从宏观经济上讲是供给侧结构性改革，从微观经济上讲是创新。只有不断创新，企业才能生产出好产品，才会有满足高质量消费的性价比更高的产品。这样的改革带来的可能是质量更好、功能更优、价格合理、批量不多的"价值长尾"产品。这是多长尾理论的重要补充，也是企业开拓新市场的伟大实践。中商研究院正筹划设立中商社区团购消费指数课题，将动态研究城市或者社区的社区团购竞争力和居民消费质量，相信一定会对城市和社区团购的发展起到正面的促进作用。

第五个愿望：希望企业导入社区团购系统。在特殊背景下，社区团购被人们所认知，相信未来会进一步释放其价值和活力。我们联合主办的中健团社区团购博览会在2022年拉开了帷幕，在2023年小步快走，社区团购这面旗帜高高飘扬。

第六个愿望：期望微观经济从业者把"新社群"思维导入经营战略，从而实现需求满足、购买先行、设计优化、智能制造同步的新局面。新社区带来社区经济的新模式。新社群模式是建立在社群团购基础之上的，以服务社区居民为中心的服务模式。传统的团长角色和身份需要适应新形势，注入新内容。最终的落地服务最为重要。

第七个愿望：企业的社会化改造要提上议事日程。中商研究院一直致力于企业的社会化改造研究，随着中国经济新周期的到来，这样的使命就显得更加珍贵。共享共建新社群模式反映的是企业本质属性的逐步改变。我们必须要让企业从"双实企业"的改造中醒悟过来，社会化企业不仅仅是大企业的必由之路，也是众多小微企业的"救命稻草"。

第八个愿望：通过观察和调研我们发现，当今一些企业经营者的思维依然是固化的，比如品牌找明星代言、渠道找经销代理、招商找产业规划部门等。其实，产业规划和渠道概念都在逐步发生变化，因为现在的企业根本无法分清自己属于什么行业，也无法找到万能渠道。所有企业都处在相互渗透融合和创新中，我们无法再用一个简单的行业属性去定义它们，这就是企业所面临的困境，也是微观经济从业者要改变的认知理念。

第九个愿望：善于独立思考，敢于改革创新。解决问题的钥匙在自己手中，对于大多数中小微企业而言，越是困难时期，就越要迎难而上。

第十个愿望：希望微观经济从业者都有自己的愿望，写出自己的愿望，提升自己的愿望，完善自己的愿望，融入中国经济新周期。

尹传高
中商商业工程技术研究院院长
中健团社区团购博览会首席智库专家

目 录

第1章 绪 论 001

1.1 什么是社区团购 002
  1.1.1 社区团购的定义 002
  1.1.2 社区团购模式分析 004
  1.1.3 社区团购数据分析 006

1.2 社区团购的发展背景 014
  1.2.1 供给侧结构性改革 014
  1.2.2 消费升级 016
  1.2.3 到家经济 017
  1.2.4 反向定制经济 019
  1.2.5 小店经济 021
  1.2.6 乡村振兴 022
  1.2.7 防疫保供 024
  1.2.8 新消费 025
  1.2.9 近场电商 026
  1.2.10 落地集配 027

1.3 社区团购的发展历程 028

1.4 社区团购的系统更新 030
  1.4.1 社区团购的商业本质、发展趋势、发展预测和
      面临的挑战 031
  1.4.2 中国零售业的3次生产力革命 037
  1.4.3 中国流通体系最后的风口 039
  1.4.4 商业信用社会建设的重要推手 040

1.5 社区团购新"人、货、场"的关键角色 041

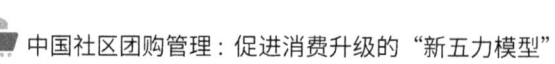

        1.5.1　角色一：政府 041
        1.5.2　角色二：供应商 044
        1.5.3　角色三：平台 044
        1.5.4　角色四：用户 046
        1.5.5　角色五：团长 047
    1.6　社区团购管理模式创新 048
        1.6.1　社区团购与传统生鲜零售的比较 049
        1.6.2　社区团购与实体商家、传统社区零售、线下团购和传统电商的比较 051
        1.6.3　社区团购与新零售的融合发展 055
    1.7　社区团购平台 057
        1.7.1　社区团购平台的分类 057
        1.7.2　社区团购平台的竞争情况 060

第2章　社区团购的"团模式"与"团品牌" 063
    2.1　社区团购的竞争力 064
        2.1.1　社区团购主要优势 064
        2.1.2　社区团购管理创新 066
    2.2　社区团购的分化与迭代 068
        2.2.1　社区团购1.0版本 068
        2.2.2　社区团购2.0版本 071
    2.3　"团模式"的构建关键 076
        2.3.1　社区团购交易全流程 077
        2.3.2　重构"人、货、场"基本购物场景 077
        2.3.3　社区团购模式的流量引擎 078
        2.3.4　社区团购模式面临的挑战 079
    2.4　"团品牌"已经成为传统品牌发展创新的关键出路 081
        2.4.1　社区团购"团品牌"新动向 082
        2.4.2　"团品牌"如何做 083
    2.5　"团模式"结合"团品牌"促进行业洗牌 087

第3章 社区团购应该怎么做 ... 091

3.1 团长招募与管理 ... 092
3.1.1 团长招募 ... 092
3.1.2 团长管理和培训 ... 094
3.1.3 团长服务体系建设 ... 095
3.1.4 团长的有效管控 ... 097
3.1.5 团长未来的发展思考 ... 098

3.2 社区新社群搭建步骤 ... 101
3.2.1 搭建新社群框架 ... 101
3.2.2 规范群内容 ... 105
3.2.3 快速开发群成员 ... 106
3.2.4 日常工作要点 ... 108
3.2.5 常见问题及解决方法 ... 109

3.3 社区团购选品策略 ... 111
3.3.1 社区团购的应用场景 ... 111
3.3.2 社区团购的选品 ... 113
3.3.3 社区团购产品的定价 ... 114

3.4 社区团购专业供应链构建 ... 116
3.4.1 供应链管理与社区团购的再设计 ... 116
3.4.2 供应商与社区团购平台合作要点 ... 118
3.4.3 构建专业供应链要先玩转大数据 ... 119

3.5 社区运营社群全攻略 ... 121
3.5.1 社群日常运营 ... 121
3.5.2 运营社群技巧 ... 123
3.5.3 社群活动运营技巧 ... 125
3.5.4 用户运营技巧 ... 128
3.5.5 运营社群促活工具 ... 131

3.6 社区社群营销文案和社群功能性文案写法 ... 134
3.6.1 社群营销文案写法 ... 134
3.6.2 社群功能性文案写法 ... 143

3.7 社区团长收发货及售后事宜 145
　　3.7.1 5个收发货步骤 145
　　3.7.2 售后处理 145

第4章 社区团购新五力模型 149
4.1 理论风口力 150
4.2 模式整合力 153
4.3 团长领导力 154
4.4 服务创造力 156
4.5 运营社群力 159

后　　记　中国职业经理人前后30年 161

第1章

绪　论

　　当代管理者需要洞察趋势，明辨规则，洞察人性，懂整合之道，这和传统意义上的计划、组织、领导和控制不在一个层面上。传统管理重在实践和执行，当代管理重在谋篇布局和系统更新。

　　社区团购管理是一个理论和实践都处于创新阶段的领域，为此管理者需要发挥自身的创新能力，深度谋篇布局，包含开局、破局、布局、谋局、入局、打破僵局、获得新局，以便拾级而上，更新系统。

　　本书基于这样的管理认知，开创出社区团购管理的新门类，旨在形成真知灼见，服务实体经济。

1.1 什么是社区团购

1.1.1 社区团购的定义

社区团购是运用互联网社群工具，为社区居民集中定制，采购商品或者相关服务，并统一落地配送的一种新型商业活动。

社区团购重视社区服务，有别于微信社群，线下是其管理的主要战场。随着互联网的不断发展，获取线上流量的成本日渐上涨。在这种背景之下，流量成本低、红利可观、以邻里之间的相互信任为基础的"社区团购"模式悄然崛起。

社区团购是一种以数据和技术为基础的，以线下社区服务为主要内容的新零售模式，给社会、经济和文化带来了全新而深刻的变化，具有强大的促就业能力、丰富的创业机会和不可估量的经济价值。社区团购最早起源于武汉市、长沙市等地，当地社区团长为了满足小区住户对生鲜、蔬菜产品的强烈需求，通过QQ、微信等社交平台统一收集订单之后，集中下单隔日进行统一配送，这便是社区团购的雏形。

社区团购以社区服务为主战场，借助互联网技术和平台完成商品的展示、消费引导和宣传、线上自助下单、社区统一配送、团长分发、居民社区内提货等一系列销售流程，可为社区居民提供覆盖生活中衣食住行所需的商品及服务。这就是我们所说的关于社区团购管理的关键场景。

简单来说，社区团购有几个关键因素，即企业、商家、平台、团长和个人，还有3个关键点：第一，团长发挥着重要作用，肩负销售、送货和售后的重任；第二，供应商发货成本很低，商品只需发至团长自提点；第三，商品可配送可自提，以快捷方便为主。

社区团购是依托社区和团长社交关系实现商品流通的新型销售方式，省去了二级、三级中间商，团长也因此能拿到更加优惠的价格，流程操作更加便捷，可以有效促进消费升级，加速品牌的发展转型。在全国统一大市场大流通格局中，社区团购将社区经济、信用经济和电子商务紧密融合在一起，形成了一种全新的商业模式，具有基地化、品牌化、区域化、本地化、小众化、个性化的特点，因此，一经推出就在很短的时间内抢占了一定份额的生鲜百货销售市场。时至今日，社区团购的市场竞争已由最初的价格战向精细化运营转变，发展日渐完善。

社区团购炙手可热，成为互联网全新的流量词，受到了众多商家的青睐，因为他们从中看到了商机，也看到了中国流通领域"最后一公里"的商业价值。毕竟，社区团购在整合社区周边资源、节约人工成本方面具有卓越的优势。社区经济已经成为一个大蛋糕，但如果想分到其中的一块，必须正确、适当地去操作和利用社区团购模式。

事实上，很多社区团购已经从"油盐酱醋茶"平台，发展成可以解决社区居民多方面生活需求的一种"消费方式"，从中可以一窥社区团购发展的速度与强大后劲。

如今，中国社区团购已经从主打生鲜行业，发展到可以覆盖各行各业，SKU高达几千种，除了商品消费之外，还可以提供家政、干洗、宠物照看、文化旅游组织等服务。

与此同时，国家也开始注重社区经济的健康发展，全面推出城市"一刻钟"便民生活圈的建设。其实这就是社区团购模式的升级，在社区团购模式的基础上，结合社区居民需求，提高周边资源的利用率，最大化减少各种不必要的成本投入，同时也为传统的商业空间布局带来了全新的机会。

从本质上来看，社区团购就是拥有线下服务的"新社群"。也就是说，社区团购以社区为基本的服务单元，一些社区中的宝妈、个体工商户、业主代表等成为"店长"，也就是团长，在线上借助微信群、小程序等互联网平台完成线上拼团活动。拼团成功后，团长当日线上下单，居民次日社区自提。

当然，这个"新社群"经营服务行业也是可以的。或者换个角度去考虑，可以在上线的清洁用品详情旁边备注商家可提供家政服务的信息，在宠物用品详情旁边备注可提供宠物相关系列服务的信息，凡此种种。另外，这个"新社群"还可以提供一些专业咨询服务等。当然，社区团购模式之所以可行，也离不开消费群体的变化。现在的人们更依赖互联网，也早已习惯了网上购物，因为它非常便捷，且可选择性高。再加上社区团购可以落地，提供家门口配送和售后服务，这更能激发起用户的消费欲望。

社区团购是以线下服务为主，形成以线下一定范围的辐射为地理区域的发展模式，通过激活相关资源为线下空间场景赋能，形成一个新型的"人、货、场"运营体系。

1.1.2　社区团购模式分析

社区团购本质上是一种S2B2C模式，即平台（S）整合商家，对接团长（B）分销给各个消费者（C）的过程。社区团购将B2B领域的供应链模式应用于B2C领域，通过"定制预售""集中团购""他送自提"，降低损耗，拥有更低的租金、物流和末端配送成本，在终端体现为商品的"高性价比"与时效的"次日达"两大特性。社区团购运作模式如图1–1所示。

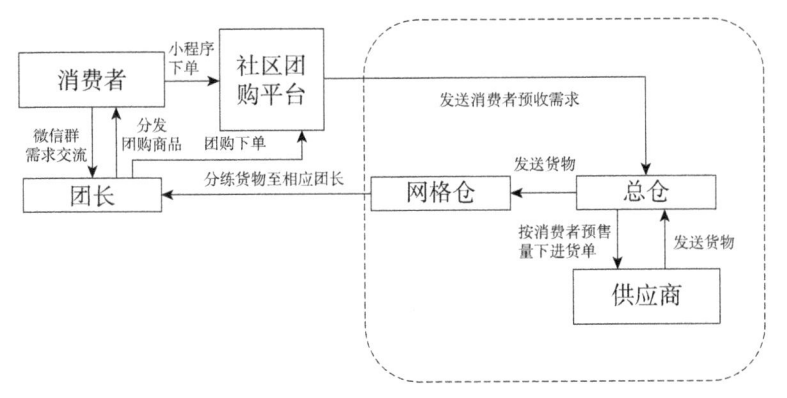

图1-1 社区团购运作模式（中商商业工程技术研究院整理）

社区团购的节点分为前端、流量端、产品端、销售端、服务端。

前端：通常情况下，一个社区配备一位团长，团长通过招募达成合作，培训上岗后，负责社区内居民团购的全程跟踪和服务。

流量端：社区团购的团长必须要建立本社区的客户群，以方便在群中对团购平台产品进行展示、介绍和推广。

产品端：社区团购的团长负责在自提点理货、配送，并提供售后等服务。一般情况下，社区团购以生鲜和家居用品等具有刚需、高频等属性的产品为主。

销售端：社区团购全程采用预售定制模式。供应商或商家入驻团购平台后，结合社区实际，招聘相应的团长，社区消费者线上下单，次日供应商或商家根据订单配送商品至团长自提处，社区消费者在规定时间内到团长自提点取货，团长也可根据情况配送团购商品。团长根据销售额获得佣金。

服务端：社区团购的商品在线上平台展示，以团长自提点作为社区提货处，因为社区一般范围可控，即便团长没有店面也可以开展社区团购。此外，一些社区团长本身就有自己的传统商业经营实体，如便利店、实体门店等，引入社区团购平台之后，还可以增强服务社区居民的综合能力，从而吸引更多的客户，可谓一举两得。

1.1.3 社区团购数据分析

1. 社区团购市场规模

数据只是一个参考，反映的是一个商业模式发展的趋势。数据来源多样，中商商业工程技术研究院（以下简称中商研究院）数据中心结合多家机构的数据开展研究和调研，认为图1-2所示数据具有战略价值和实践参考价值。

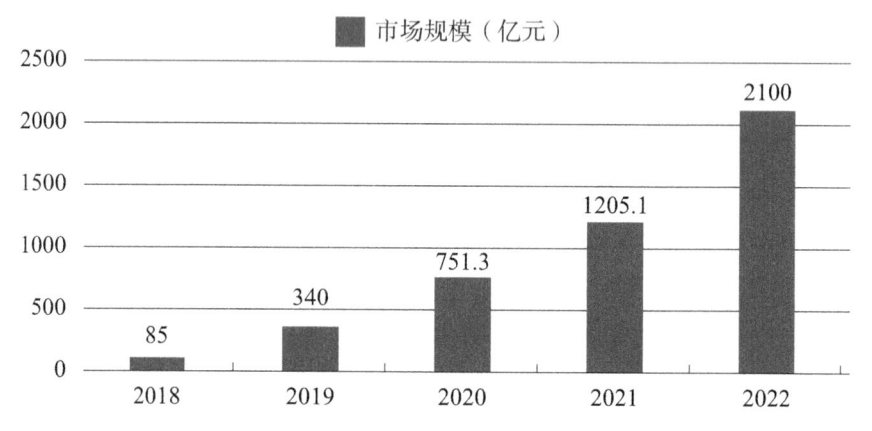

图1-2所示数据（柱状图，市场规模单位：亿元）：
- 2018年：85
- 2019年：340
- 2020年：751.3
- 2021年：1205.1
- 2022年：2100

图1-2　2018—2022年中国社区团购市场规模趋势（中商商业工程技术研究院整理）

2018—2021年，社区团购发展迅速，市场规模不断扩大，尤其是2019年增速甚至达到300%，创出历史新高。中商情报网的研究报告显示：2021年中国社区团购市场交易规模达到1205.1亿元，同比增长60.4%。随着政策逐步由监管趋向规范，加上全球经济下行背景下国内消费者消费能力有所变化，我国社区团购仍有较大的扩张空间。

相关资料显示：2022年中国社区团购市场规模已突破2000亿元，且随着社区团购产业博览会等平台的推动，社区团购的管理思想对企业的影响越来越强。对社区团购行业空间进行测算，可知其消费空间为1.5万~2万亿元，具体分析如下。

第1章 绪 论

（1）分城市等级按渗透率估算

高线城市与低线及以下城市的用户购买行为具有明显差别，假设高线城市社区团购用户渗透率为15%，低线及以下城市用户渗透率预估为30%；高线城市周购买频次假设为2次，低线及以下城市周购买频次预估为3次。①生鲜商品角度：参照目前社区团购客单价多为20～40元，生鲜占比为40%～60%，假设高线城市用户生鲜客单价为18元，低线及以下城市用户生鲜客单价为12元，预估高线城市社团生鲜市场规模有望达到1123亿元，低线及以下城市社团生鲜市场规模有望达到5054亿元，共计社区团购生鲜总市场规模约6177亿元。②含生鲜以外快消品：假设含生鲜以外快消品后，高线城市用户客单价为40元，低线及以下城市用户客单价为35元。预估高线城市市场规模有望达到2496亿元，低线及以下城市市场规模有望达到14742亿元，共计总市场规模约1.72万亿元。中商研究院对社区团购消费指数的研究分析表明，城市越发达，消费越理性，对社区团购的要求就会更高，对社区团购的创新需求就会更多，对产品和服务的信用比就更具体。

（2）按小区和家庭数量估算

不同机构的调研说明，按安居客显示各城市二手房小区估算，全国小区数量为50万+。假设单小区平均户数为384（6栋楼*4个单元*8层*2户/单元·层），总户数为1.92亿，社区团购用户渗透率为30%。2020年全国人均消费支出2.12万元，其中服务性消费支出9037元，恩格尔系数0.3，据此测算2020年人均食品消费支出6363元，实物商品消费支出12163元。若按照户均3人计算，则每户年均食品消费支出1.9万元，实物商品消费支出3.65万元。①生鲜商品角度：假设单个家庭生鲜食品消费占总食品消费支出的50%，则从小区角度测算，社区团购市场空间为4472亿元。②含生鲜以外快消品：假设居民实物商品消费支出中，70%左右的商品为生鲜+快消+其他社区团购可以提供的SKU，则对应社区团购市场空间为1.17

万亿元。

（3）从生鲜渗透率角度估算

①生鲜商品角度：2020年全国生鲜规模5万亿元，若假设经社区团购渠道销售的生鲜占比可以提高至10%，则对应社团生鲜空间大约5000亿元。②参照超市业态模型估算整体空间：超市业态中生鲜与非生鲜产品结构比约为3:7，鉴于超市与社区团购均为服务居民日常消费的场景需求，假设社团生鲜与非生鲜产品结构与超市类似，则估测社区团购市场空间为1.67万亿元。

中商研究院专家宋舒易认为，2019年，社区团购面临着倒闭、收缩、裁员的危机，很多团购项目都没有抓住发展机遇。阿里巴巴抓住商机，异军突起，激活了社区团购市场。很多人对社区团购为什么拥有如此强劲的生命力不理解。其实从本质上来说，社区团购是一种在电商模式基础上的创新，它以社区为中心，靠熟人关系拓展，以互联网技术为载体，为社区居民提供刚需的生活用品和服务，是时代发展的产物。因此，有的观点认为，社区团购是一种营销方式，能够获取流量；有的观点认为，社区团购是一种手段，能够降本增效。

从中商研究院专家韩友环分析的实例可看出，社区团购自身拥有很多优势，是很多传统零售模式所不具备的。首先，通过微信传播，打开了流量的切入点，非常方便大众通过小程序下单传播。其次，社区团购定位精准，能够满足不同社区的商品需求，而且因为是通过熟人关系推荐营销，所以能够大大提高商品的复购率和交易量。再次，社区团购与传统营销模式存在很大的区别。在社区团购中，社区居民主动推广商品，无须大量的推广费用就能达到宣传效果，同时，团长自提点可以进行配送、咨询和售后，服务有保障。最后，社区团购采取自提模式，为生鲜销售提供了另一种更好的渠道。

韩友环对社区团购的优势进行了总结：可以直接走进社区；能直接面

对消费者；服务更好，团长就在身边，可以提供人性化的服务；居民对团长非常信任，有很强的黏性；现在处于初生阶段，已逐步形成品牌方—供应链（供货团长）—社区团长—居民的清晰链条，一旦各个环节磨合成熟，将爆发无限潜力；先期进入社区团购渠道的产品，一旦被居民接受，团长出于风险考虑，很少会变更产品，同品类的产品难以替代先期产品。

此外，社区团购的低成本流通渠道使其具备成为基本购物场景的潜力。商务部流通产业专家谢志华认为这种潜力主要表现为以下几点：社区团购因为有团长自提点，所以无论是配送，还是自提都可以得到迅速回应；社区团购的展示成本低，可以有效避免物流成本高的问题；社区团购因为采用的是预售模式，资金成本远低于线下门店和电商平台，而且这种优势在其他渠道是罕见的。

2. 社区团购用户规模

社区团购采用社区及附近客户相互推荐、同社区派送等方法，社区居民能享受到更高品质、更廉价的商品，并且能节省时间成本，所以深受消费者，特别是年轻消费者的喜爱。社区团购是互联网高速发展背景下的产物之一。根据中国互联网络信息中心的数据，我国网民规模庞大，使用互联网进行购物的人数也越来越多。社区团购本就是依托互联网平台、以社区为团体进行集中采购的商业模式，所以我国网民规模的扩大也为社区团购的发展带来了庞大的用户群体。

近年来，社区团购发展迅猛，用户规模持续增长。中商研究院信息中心资料表明，2021年社区团购用户规模6.46亿人，2022年社区团购用户规模增至8.76亿人（图1-3）。

```
用户规模（亿人）
10
 8                                                    8.76
 6                                            6.64
 4                              4.2    4.7
                        3.35
 2          2.12
    0.95
 0
   2016   2017   2018   2020   2021   2021   2022
```

图1-3　2016—2022年中国社区团购用户规模趋势预测图(中商商业工程技术研究院整理)

3. 社区团购人均消费水平

2022年，随着我国新冠疫情防控的常态化，社会经济开始复苏，社会消费品零售总额回升，2022年1—9月，我国社会消费品零售总额为320304.6亿元，较上一年度同时期增长了2247.4亿元。新冠疫情防控取得较好的效果，人们的消费欲望同步回升，社区团购的经营状况也同步转好。

据华经产业研究院发布的《2022—2027年中国社区团购行业市场调研及未来发展趋势预测报告》，就社区团购人均消费额变动情况而言，随着社区团购用户渗透率持续提升，较大的性价比优势导致用户黏性持续提升，社区团购人均消费额从2018年的25.37元增长至2021年的186.55元，随着未来产业发展持续向好，用户习惯逐步养成，人均消费额仍将保持高速增长趋势。

4. 社区团购地区分布情况

社区团购目前暂时还没有全国性的垄断平台，从地区分布上来看，当前湖南、江苏、广东、上海、北京的社区团购平台比较多。专家洪涛认为，以社区团购供应链为主的平台逐步从传统的供应链中独立出来，显示出了独特的场景和产业价值。

洪涛认为，社区团购地区分布较广，发展比较成熟的省份，都呈现以下特点：一是对价格比较敏感的消费者数量居多；二是供应链系统比较完善。较发达地区在物流、冷链系统方面，相较不发达地区都比较完善。

5. 社区团购行业监管和相关政策（简单汇编）

2020年12月：《人民日报》评价社区团购："别只惦记着几捆白菜、几斤水果的流量。"

2000年12月：国家市场监管总局联合商务部召开规范社区团购秩序行政指导会，阿里、腾讯、京东、美团、拼多多、滴滴6家互联网平台企业参加。会议充分肯定了互联网平台经济发展的积极意义和重要作用，但也严肃指出当前社区团购存在的低价倾销及由此引起的挤压就业等突出问题，希望互联网平台企业切实践行以人民为中心的发展理念，主动承担更多的社会责任，在增创经济发展新动能、促进科技创新、维护公共利益、保障和改善民生等方面体现更多作为、更多担当。为严格规范社区团购经营行为，会议要求互联网平台企业严格遵守"九不得"：一是不得通过低价倾销、价格串通、哄抬价格、价格欺诈等方式滥用自主定价权；二是不得违法达成、实施固定价格、限制商品生产或销售数量、分割市场等任何形式的垄断协议；三是不得实施没有正当理由的掠夺性定价、拒绝交易、搭售等滥用市场支配地位行为；四是不得违法实施经营者集中，排除、限制竞争；五是不得实施商业混淆、虚假宣传、商业诋毁等不正当竞争行为，危害公平竞争市场环境；六是不得利用数据优势"杀熟"，损害消费者合法权益；七是不得利用技术手段损害竞争秩序，妨碍其他市场主体正常经营；八是不得非法收集、使用消费者个人信息，给消费者带来安全隐患；九是不得销售假冒伪劣商品，危害安全放心的消费环境。

会议要求，各地市场监管部门要积极回应社会关切的问题，加强调查研究，研判掌握社区团购市场动态，针对低价倾销、不正当竞争等问题，创新监管方式，加大执法办案力度，依法维护社区团购市场秩序。

2021年3月：橙心优选（北京）科技发展有限公司、上海禹璨信息技术有限公司、深圳美团优选科技有限公司、北京十荟科技有限公司等4家企业，在依法降价处理鲜活商品、季节性商品、积压商品等商品外，为了排挤竞争对手或者独占市场，以低于成本的价格倾销，扰乱了正常的生产经营秩序，损害了其他经营者的合法权益，违反了《中华人民共和国价格法》第十四条第（二）项规定。

橙心优选（北京）科技发展有限公司、上海禹璨信息技术有限公司、深圳美团优选科技有限公司、北京十荟科技有限公司、武汉七种美味科技有限公司等5家企业，利用虚假的或者使人误解的价格手段，诱骗消费者与其进行交易，违反了《中华人民共和国价格法》第十四条第（四）项规定。2021年3月3日，国家市场监管总局宣布，对橙心优选、多多买菜、美团优选、十荟团、食享会等5家社区团购企业不正当价格行为作出行政处罚。其中，对橙心优选、多多买菜、美团优选、十荟团等4家社区团购企业均处以150万元人民币罚款的行政处罚，对食享会处以50万元人民币罚款的行政处罚。

2021年4月：国家市场监管总局会同中央网信办、税务总局召开互联网平台企业行政指导会。会议指出，烧钱抢占社区团购市场问题必须严肃整治。

2021年7月：相关部门出台《价格违法行为行政处分规定（修订征求意见稿）》，对恶意倾销、负毛利恶性竞争等掠夺性定价行为进行明确规定，从而为社区团购开展中的价格竞争行为制定规矩。

随着监管的趋严，地方也在推动制定社区团购地方标准。陕西咸阳出台了全省首个《网络社区团购合规经营指南》，并于2021年3月15日起正式施行。湖南省市场监管局此前也表示，随着网络消费市场的迅速发展，湖南省不断加大对网络消费市场的监管力度，在监管之下，互联网企业的烧钱补贴将失效。

为进一步推动食品经营者落实食品安全主体责任，防范化解食品安全风险，湖南省市场监管局于2022年6月7日发布关于进一步深入开展放心食品经营自我公开承诺活动的通知。其中，自我公开承诺主体范围是：以从事食品销售的大中型商超、食品集中交易市场、连锁销售企业（含门店）、从事网络食品经营的第三方平台及社区团购企业、售卖肉菜食品的超市等市场主体为主，鼓励连锁餐饮企业（含门店）、中央厨房、集体用餐配送单位等其他市场主体参与。其中，从事网络食品经营的第三方平台及社区团购企业原则上必须全部参加。

自我公开承诺主要内容如下。加强食品安全管理能力建设。经营主体主要负责人对经营食品安全工作全面负责。健全食品安全管理机构，完善食品安全各项制度，配备食品安全管理人员，建立食品安全追溯体系。严格食品安全自查。加大对食品经营活动各环节、各岗位落实食品安全制度情况的检查力度，定期对食品安全状况进行检查评价，及时采取措施消除食品安全风险隐患。严控食品采购来源。确保所采购食品均来自食品安全保障能力较强的供应商且质量安全可靠可控，确保各类票据齐全合法。不采购不符合食品安全标准的食品，不采购无合法来源或无法追溯来源的食品。

2021年9月：国家市场监管总局局长张工在国新办发布会上表示，严厉查处社区团购领域低价倾销、价格欺诈等违法行为，加强虚假促销、大数据杀熟等不正当竞争行为监管执法，坚决防止资本无序扩张，保护消费者利益。

2022年1月：进入2022年，国家对社区团购平台违规行为的监管和处罚仍在继续。1月3日，北京十荟科技有限公司新增一则行政处罚，即因违反《中华人民共和国反不正当竞争法》被罚30万元。具体事由为：消费者下单、付款成功后，当事人以商品质量问题、商家上架商品数量错误等原因未发货，也未补发货并取消订单。

2022年4月：中共中央、国务院出台了《关于加快建设全国统一大市场的意见》，提出优化商贸流通基础设施布局，加快数字化转型，推动线上线下整合发展，形成更多商贸流通新平台、新业态、新模式。

2022年10月：农业农村部、国家乡村振兴局出台的《关于鼓励引导脱贫地区高质量发展庭院经济的指导意见》指出，加大产销对接力度，组织庭院经济经营户与城市市场、超市酒店、网购平台、社区团购、文旅经营主体等开展对接活动，建立稳定购销关系，将庭院经济产品和服务供给与市场需求紧密联系起来，帮助脱贫地区解决销售问题。

2022年11月19—20日：首届中健团中国（上海）社区团购网红选品供应链博览会在上海召开。该博览会首次发布《中国（上海）社区团购发展报告》，并在《新民晚报》社区版刊登，拉开了中国社区团购服务平台建设的先河。

1.2 社区团购的发展背景

社区团购既是中国商业发展理论的创新，也是商业发展实践的直接产物。在此需要梳理一下其在理论探索和实践发展中比较重大的课题，对于形成自身的完整商业逻辑有比较重要的意义。

1.2.1 供给侧结构性改革

"供给侧结构性改革，就是用增量改革促存量调整，在增加投资过程中优化投资结构、产业结构，开源疏流，在经济可持续高速增长的基础上实现经济可持续发展与人民生活水平不断提高；就是优化产权结构，国进民进、政府宏观调控与民间活力相互促进；就是优化投融资结构，促进资源整合，实现资源优化配置与优化再生；就是优化产业结构、提高产业质量，优化产品结构、提升产品质量；就是优化分配结构，实现公平分配，使消费成为生产力；就是优化流通结构，节省交易成本，提高有效经济总量；就是优化消费结构，实现消费品不断升级，不断提高人民生活品质，实现创新—协调—绿色—开放—共享的发展。"

商务部专家谢志华认为，社区团购的实质是一场基于预售供应链降本增效的供给侧结构性改革，被业界称作第三次零售生产力革命旗手，其底层逻辑是抓取分布式的零散需求，将其整合为确定性的群体需求，实现对供给端的反向定制，进而减少流通环节的成本及损耗。概括来说，社区团购就是零售行业的供给侧结构性改革。也就是说，社区团购实现了"人、货、场"的精准匹配，直接打通了"产、供、销"全链路，被誉为新型数字化供应链体系，采用"以销定采与柔性生产"，将门店现售与平台预售相结合作为实现路径。具体的逻辑和思路如下。

1. 以销定采

供给侧结构性改革的一个重要方向是以销定采。社区团购主要分为现售和预售两种模式，其中现售满足即时性消费，预售满足计划性消费。个别擅长经营的社区团购团长辅以提升客单价的代发商品，做到了消费需求与资金先行，商品后至，大大降低了成本，提升了效率。战略专家尹传高认为，对于中国企业而言，利用现代的数字化技术可以加速经营模式的颠覆式变革和创新，社区团购正是抓住了这样一个时机实现了企业管理的本质变革。

2. 柔性生产

柔者，刚也。供给侧结构性改革的另一个重要方向是柔性生产，这方面在社区团购中体现得非常明显。社区团购的后台拥有极其强大的数据分析能力，通过用户分析预判需求，安排工厂柔性生产，进而有效减小库存压力，减少流通成本，实现供需精准对接，达到降本增效的效果，这也是社区团购的一大突出特点。

以柔性生产为中心的社区团购经营模式在企业管理的变革和实践中找到了生存与发展之道，传统的产供销生产模式因其僵化的作用机制对企业经营发展产生了很多的不利影响。以提升供应链效率为中心的管理创新一直在路上。

1.2.2 消费升级

经典的消费升级概念，一般指消费结构的升级，是各类消费支出在消费总支出中的结构升级和层次提高，它直接反映了消费水平和发展趋势。消费升级是中国经济平稳运行的"顶梁柱"、高质量发展的"助推器"，更是满足人民美好生活需要的直接体现。

权威机构一次样本调研数据显示，社区团购平台客单价 10～50 元占比约 47%，50～200 元占比约 45%，而这背后，是社区团购的渗透和深耕大众消费群体的努力。某地区头部社区团购，目前已覆盖 2000+ 中高端社区，其客单价为 100～130 元，且其客户都维持着 90% 以上的超高复购率。

由此可见，在新生代消费群体崛起的时代背景下，一方面，以社区团购消费者为代表的新消费势力高举消费升级的大旗；另一方面，商品经济席卷之下崛起一批反过度消费主义的群体，他们反对过度消费，更加理性，更注重产品的必要性、实用性和性价比。中商研究院课题组专家认为，这两个方面的元素，本质都是庞大人群的消费升级，主要体现在以下 3 个方面：一是社区团购的服务领域在不断拓展，持续渗透社区居民需求旺盛的消费领域，整合社会和市场方方面面的力量和资源，不断拓展服务消费的范围；

二是社区团购不断增加产品，建立更加多元、绿色、节能节水、资源再生、环境、新能源方面的供应体系，促进消费提档升级；三是社区团购不断培育消费新热点，包括体验、智能、定制、小众和时尚、概念等消费热点，有效助推了相关产业的快速发展。

与此同时，消费升级需求也呈现出不断增长的态势。相关数据显示：中国经济在过去 10 年稳定增长，国内生产总值由 1993 年 3.57 万亿增长到 2022 年的 120.47 万亿，在中国经济增长的同时，居民消费水平持续提高。几乎同期，中国居民消费水平从 1.05 万元增长至 2.76 万元。由此可见，居民生活质量的改善、消费水平的提高也为消费升级提供了重要的经济基础。

消费升级对政策有极大的依赖性，自 2010 年起，与消费升级相关的鼓励政策不断推出。在互联网时代，人们更加懂得时间是一种宝贵的资源，所以越来越喜欢快捷方便的服务，愿意用金钱与之交换。消费升级与这一需求不谋而合，因此在市场的助推下，消费升级得以持续、快速发展。特殊的社会背景也对消费升级产生了不可忽视的促进作用，成功改变了人们的消费习惯，即从线下转移到了线上，从而为社区团购的发展创造了得天独厚的条件，使其进入快速发展的进程。

1.2.3　到家经济

社区团购的本质是线下服务，准确地说就是到家服务。到家经济就是把好的供应链和服务对接到居民个性化的家庭消费中。

众所周知，2021 年是"十四五"规划的开局年，"十四五"规划提出要"构建以国内大循环为主体、国内国际双循环相互促进的新发展格局。要坚持扩大内需这个战略基点，使生产、分配、流通、消费更多依托国内市场，形成国民经济良性循环""打通经济循环堵点，提升产业链、供应链的完整性,使国内市场成为最终需求的主要来源"。从中我们可以看出,扩大内需、畅通国内大循环这些关键性工作与零售行业的发展密不可分,中国企业整体迈出了向数字化转型的步伐。中国市场进入一个全新时代,内循环和消费服务驱动成为主题。到家经济市场潜力巨大,而社区团购正是这种主流消费方式的典型,已经成为社区居民消费方式的新选择,迎来了全新发展红利,与人们的生活紧密关联。此外,"十四五"规划建议指出:服务消费将成为居民消费的主体。2019年,我国居民服务消费支出比重已达45.9%,预计"十四五"期间服务消费比重将突破50%。服务消费已经成为衡量居民生活满意度和幸福获得感的关键因素,而社区团购以更优质的产品、更高的性价比和更人性化的服务有效提升了社区居民在这两方面的体验,呈现出全新的发展趋势。中商研究院社区团购专家谢龙介总结了服务消费以下几个方面的发展趋势。

趋势一: 社区"团长"演变为"管家"。团长是社区团购模式中的关键角色,通常由两类人组成。一类是占多数的社区便利店店主,他们本身就有自己的小店;另一类是社区里的宝妈,她们都有社区微信群,也就是社区场景下的公域流量,可以在这些微信群中发送相关的团购信息,进行宣传、推广、互动并提供服务,已经有一定的流量和信任基础。所以,从个人角度来说,社区居民会把这些便利店主和宝妈组成的"团长"当作"管家"来看,通过他们享受高性价比的产品或服务。

趋势二: 社区团购中的社区小店,也就是团长的自提点将成为社区居民数字化生活的新基建。中健团社区驿站目前在上海正快速发展。依托中健团平台发展起来的社区驿站将以"新社群"思维把人、货和实体空间优质地对接起来,为社群团长和社区团购赋能。社区小店对于社区居民来说非常重要,大家不用跑很远,就可以在家门口满足最基本的日常生活所需,社区小店是离社区居民最近的消费场所之一。随着社区小店不断向多层次、多类别的方向发展,它能够更有效地提升消费市场活力,更好地渗透社区居民的生活，满足他们对消费升级的需求，有效释放消费潜力，通过快捷、方便和周到的服务提升社区居民的生活质量和满意度。

趋势三：社区团购的不断发展，能够引导社区经济向品牌化、连锁化发展。社区经济虽然类目丰富，有家政、维修、美家、按摩、生鲜销售等，都是由社区便利店、社区小店这样的经济体参与，没有餐饮、百货、服装领域耳熟能详的大企业。而社区团购在服务频率、标准和规范方面越来越完善，可以很好地引导社区经济走上品牌化、连锁化的道路。

专家谢龙介还认为，企业导入社区团购发展体系将为企业快速占领消费者心智埋下伏笔，为企业转型升级、突破经营困境找到钥匙。

1.2.4　反向定制经济

反向定制，不存在积压库存的风险和损耗，也不必占用大量的资金，减少了传统销售流通渠道中层层抽成的弊端，而且也不用租用店面付租金，从而大幅降低了整个供应链的成本。因此，反向制定是传统经济转型不可忽视的渠道。一方面，消费者与企业直接关联，企业可以获得消费者的潜在消费需求，及时响应和反馈，有效减少中间环节，让消费者得到最具性价比的消费体验；另一方面，反向定制模式采用的是先下订单、先付定金，然后再进行生产的方式，可以让企业工厂制订精准的生产规划，减小库存的压力。

社区团购是由社区居民的日常生活所需驱动的，并以此为中心，反推产品生产、采购、产品流通、产品配送和产品服务等各个环节，让社区居民可以直接对话产品供应商和生产商，实现"以销定产""按需生产"，大大缩短产品到达消费者手中的时间，有效降低周转成本和库存风险。

此外，消费品制造的价值远非"制造"本身，还包括产品的持续创新。社区团购反向定制以用户需求为基础，推动产品生产、供应链、销售等一系列变革，重新定义生鲜的销售流程，提供满足用户日常生活所需的全新消费体验。与此同时，社区团购能够帮助供应商、品牌、企业、工厂更精准地对话消费者，更好地利用消费者视角，实现客群洞察、人群圈选、精准营销，精准把握消费趋势，与消费者实现供需两侧的双赢。

在中商研究院和北京服装学院联合主办的第四届定制经济论坛中，权威专家对定制经济做了专业的解读。

工信部运行监测协调局原巡视员景晓波在《定制经济的发展趋势》的演讲中阐明，定制经济是一种新生事物，也是推动国民经济发展的新的增长点，未来定制经济发展趋势一片大好，但是同时也要面对很多挑战。

民盟北京市委专职副主委宋慰祖在题为"时尚与设计产业发展"的演讲中表示，时尚与设计产业发展需要依靠创新驱动，而创新驱动依靠的是文化、科技、需求、设计等元素。定制作为消费者需求导向的一种形式，更是驱动市场与设计产业发展的重要因素。

北京工商大学副校长谢志华发表了题为"定制经济的形态"的讲话，他认为定制不只是一种经济形态，更是一种从古至今的生活形式，而现代定制经济的发展更趋向个性化，个性化通过多样化、多变化体现出来。

中国丝绸服装进出口有限公司总经理冯春梅发表了《弘扬丝绸文化 提升定制价值》的演讲，她认为数千年的丝绸历史实际上是以个性化、定制化的方式传承和发展的。她表示未来能与越来越多的智能制造和定制企业合作共创，助力中国制造向中国研发智造转型，为中国和世界定制经济发展做出贡献。

中商研究院作为中国定制经济的理论创新者和实践践行者，一直致力于促进中国商业的发展。社区团购作为一种真正的定制经济模式，给企业品牌发展和战略规划带来的是实质性的变革和发展路径。

1.2.5 小店经济

随着移动互联网的全面渗透，新零售业态不断崛起。国家政策开始引导社区生态向数字化转型，我国整个社区零售市场规模超12万亿元，其中线上社区零售市场规模约3万亿元，预计3年后会突破7万亿元大关。商务部数据显示，我国约有700万家夫妻小店，每天服务数以亿计的消费者，并创造了大快消产业近半数销量。

小店通常指面向居民消费的批发、零售、餐饮、美容美发、维修、配送等行业，雇员10人以下或年营业额100万元以下的微型企业。可以说小店经济，是一个城市总体经济的毛细血管，承载着城市经济活动的基础，同时也是驱动城市经济多元化及创新的重要细胞。

小店经济是就业岗位的重要来源，为人们衣食住行提供便利，是城镇化生活的有机组成部分，也是消费市场的重要的基本细胞，有力驱动着消费市场的扩大和消费升级。可以说，小店经济的健康成长是中小微企业的坚韧发展与中国经济巨大活力的生动体现。所以，各地政府通过各种方式丰富优质商品和服务的供给，为其转型升级提供政策支持，不断鼓励和支持小店经济的发展。

社区团购最先意识到社区小店的价值，有望重新激发小店活力，而激活小店正是发展社区团购的底层逻辑。例如，某社区团购平台将小店划分为七大功能区：自提点、果蔬店、百货店、直播间、充值站、快递驿站及24小时自提柜区，整合云菜场、零售通、便利店等业务，打造"一店多能"的社区新业态，不断为小店经济发展营造好的营商环境。

值得注意的是，围绕社区出现的小店也在不断涌现新的品牌和模式。比如"快团团"智能小铺就是将社区团购的场景和社区团购的体验有效地融合在一起，和中健团社区驿站的发展模式有着互补性，值得我们关注和研究。

1.2.6 乡村振兴

党的十九大报告指出，农业、农村、农民问题是关系国计民生的根本性问题，必须始终把解决好"三农"问题作为全党工作的重中之重，实施乡村振兴战略。中共中央、国务院连续发布文件，对新发展阶段优先发展农业农村，全面推进乡村振兴作出总体部署，为做好当前和今后一个时期"三农"工作指明了方向。2018年5月31日，中共中央政治局召开会议，审议《国家乡村振兴战略规划（2018—2022年）》。2018年9月，中共中央、国务院印发了《乡村振兴战略规划（2018—2022年）》并发出通知，要求各地区各部门结合实际认真贯彻落实。2021年2月21日，《中共中央 国务院关于全面推进乡村振兴加快农业农村现代化的意见》，即中央一号文件发布，这是21世纪以来第18个指导"三农"工作的中央一号文件。2021年2月25日，国家乡村振兴局正式挂牌，全力写好乡村振兴这篇大文章。2021年3月，中共中央、国务院发布了《关于实现巩固拓展脱贫攻坚成果同乡村振兴有效衔接的意见》，提出重点工作。

社区团购在发展农业、促进消费普惠、助力乡村振兴方面也发挥着重要的社会价值。

2021年10月，某社区团购平台发布"本地菜"计划，通过构建直采直销网络，直连全国农产品基地，在保障质量的同时，确保蔬菜市场供给充足及价格稳定，切实帮助农户增收。

2021年11月，面对极端天气造成的蔬菜价格上涨，某社区团购平台一边调集千万斤平价蔬菜稳供应，一边启动"雪中送菜"计划，承诺在极端天气出现时不关仓、不停业、蔬菜不涨价。

2021年12月7日，《人民日报》刊文点赞某社区团购平台，称其作为新兴社区电商平台，能够实时连接农户、农产品和消费者，打破了消费需求与产销诉求的信息流通壁垒，为高效精准的农业供应链提供了新的解决

第1章 绪 论

方案。

2022年4月,国家关于"建设全国统一大市场"的纲领性文件发布。文件提到,加快商贸流通数字化平台建设,推动线上线下融合发展;防止资本无序扩张,破除平台企业数据垄断等问题,防止利用数据、算法、技术等手段实施不正当竞争。在国家加强监管与规范的同时,社区团购平台也在积极作为,在助力乡村振兴方面,逐渐受到社会的肯定与认可。例如,某社区团购平台,除了推出"农鲜直采"计划以外,还通过发起"金牌产地·喜迎丰收"活动,促进农产品上行的同时,推动"南蟹北上、北粮南运",丰富用户选择,促进产地增益。某社区团购平台提出了"科技助农",建立适合农产品的数字化供应链体系,并通过在生产端发起农研科技竞赛,提升农产品品质和竞争力。某社区团购平台通过构建直采直销网络,做好稳价保供的同时,帮助农户增收。随着社区团购社会价值的显现,以及中央主管部门从放管并举向鼓励引导方向转变,地方主管部门开始进一步关注本地社区团购平台的经济和社会价值。部分先知先觉的地方主管部门开始重点扶持本地社区团购平台,为防止资本无序扩张、实现乡村振兴,全国统一大市场为社区团购未来发展奠定了基调,也是社区团购产业的新机遇。在经济发展格局中找到定位、贡献力量,是社区团购发展的关键所在。

社区团购作为电商的创新模式,虽然最初是从城市走出来的,但随着消费观念和模式的不断成熟,目前它已经实现下沉,在乡村振兴和农村消费升级中发挥着积极作用。商务部专家洪涛认为,该模式的特点主要体现在以下两个方面:一方面,农村居民可以在社区团购平台购买到更具性价比的生鲜产品,这得益于社区团购"农鲜直采"的优势,能满足消费者多样化的升级需求;另一方面,社区团购下沉乡村,有效带动了农村就业创业的发展,让很多外出返乡人员或者村民能从中找到全新的就业创业方向,从而扎根乡村,为乡村振兴贡献自己的力量。此外,作为电子商务的全新模式,下沉乡村后的社区团购可以有效提高农村的商品流通效率,实现降本增效，最终为城乡市场连接发挥出重要的基石作用，全面推动县域经济发展和乡村消费升级。事实上，在这方面，很多像美团、京东和拼多多等这样的大平台已经作出了示范。比如美团优选，其推广的重点就是利用"预购+自提"的模式不断下沉市场，进而为农村居民提供精选和高性价比的消费品，提升农村地区的消费品质。与此同时，其供应链体系也带来了不少就业机会。

相比大城市，农村居民人与人之间的关系更密切，联系也比大城市更稳定。在乡村开展社区团购，可以充分利用熟人关系卖货，这种模式信任度强，用户相对更稳定。综上所述，在乡村发展社区团购优势很大，乡村社区团购的发展将是未来行业发展的趋势。农村市场的商机和优势在于覆盖面广、发展潜力巨大、可以借助团长的优势快速带货。当然，社区团购在乡村的发展也需要使用社区团购系统。社区团购接下来会深耕下沉的区域市场，做出差异化，与生鲜电商、商超、社区店业态互补发展。社区团购一直以来都是更适合下沉市场用户，多多买菜、美团优选、兴盛优选一直都在低线城市发展。下沉市场很大，现在的业态和企业远远不能满足下沉市场的需求，并且不同区域的下沉市场需求不同，明显的差异化为企业发展留出了机会。

中商研究院一直在研究信用经济的实现形式，它和社区团购的发展理念不谋而合。熟人经济和信用经济是紧密相关的。因为有了信用，社区团购将会裂变出持续性的竞争力，因为它符合人性向善的本质，将对品牌建设起到难以估量的推动作用。

1.2.7　防疫保供

社区团购的购物场景离不开信任和情感，这是社区团购模式的两大核心因素。有了这两个因素，社区团购平台相比传统的电商平台，在获客成本和流量红利方面就能发挥出独特的优势,且更容易实现规模化复制。特别是在新冠疫情的催化下,社区团购自2020年开始发展并不断加速,且呈现出本地化和区域化的发展态势,始终保持着健康的发展状态。虽然社区团购未来的市场潜力很有想象空间,但任何风口都存在相应的风险,最终比拼的还是平台过硬的服务能力。所以,中健团社区团购博览会创始人韩友环认为,做好社区团购离不开优质的商品、强大的供应链、成熟的同城零售产业链和强大的运营管理能力,这些是决定社区团购能否持续发展的关键所在。兼顾用户端的体验和供应端的效率成本,中商研究院认为社区团购在下半场的发展主题将会是"实体店仓+新社群"。

回望新冠疫情防控期间,全国新冠疫情不定时多点散发,常态化防控、高效防疫和应急保供成为社会关注焦点。主管部门组织防疫的同时,稳价保供也是一项重大民生工程,在这个特殊时期,总能看到社区团购强援一线、稳价保供的身影。例如,A地新冠疫情突发初期,某社区团购平台就入列第一批指定稳价保供企业,除了积极协调果蔬食品等民生物资,同时也从各渠道协调消杀类防疫物资,物资供应量相较平时增加了3倍;B地新冠疫情发生时,某社区团购平台快速启动应急预案,全力做好稳价保供,其组织效率和高效应急能力非常出色。

1.2.8 新消费

新消费尚无统一定义。从狭义上来看,新消费是指由数字化技术等新技术、线上线下融合等新商业模式及基于社交网络和新媒介的新消费关系所驱动的新消费行为。因为它具有增量和升级的特点,从本质上来看,新消费应该是所有零售企业共同追求的目标,但目前,新消费实际上是由网络零售业引领和发动的,这就使得网络零售业和中国的内需增长因此而深度绑定。

新消费具有得天独厚的发展优势。为扩大消费对经济增长的拉动作用，一方面国家发改委、工信部和商务部等多部门在扩大有效需求、加快发展新型消费业态、推进互联网和各类消费业态深度融合方面不断加大推进力度；另一方面各个省市地方政府不断出台系列政策，挖掘和激活新型消费潜力，全面渗透融入百姓生活方方面面。此外，互联网、大数据、人工智能等数字化技术也为新消费的发展提供了扩容和提质的可能，不断拓展消费领域发展的空间。

社区团购正是新消费中的一种形式，其最为突出的特点是网络化、数字化和智能化，是基于"互联网+"的消费新模式和新业态，能够给消费者带来前所未有的消费新体验，且能够满足消费者多元化、多样化和个性化的消费需求，全面激发消费新热点。而且，在社区团购模式中，消费者除可以享受最基本的售前、售后服务之外，还可以分享、交流和互动，形成自己的消费圈子，发挥意见领袖的作用，消费行为更富有乐趣，消费理念也更加理性。

中商研究院社区团购消费指数课题组2020年在上海做全面和深入的调研。据该课题组专家张容佳博士介绍，该指数从居民社区团购消费意愿、消费份额、社区服务参与、新型团长成长等几个方面做指数分析。该课题组会公布上海社区团购指数百强社区榜单，并在此基础上公布城市区域社区团购竞争力榜单，以期对城市消费升级的推动起到引领和示范作用。

1.2.9 近场电商

社区团购是服务流量的变现，这点和微信平台支持的社群团购有着本质的区别。正是因为服务流量可以通过线下增加信用联系，增加有感情和有温度的服务，社区团购就具有了独特的价值。正是这样的优势，决定社区团购有着持续的生命力和竞争力。

新冠疫情的多点散发使物流快递等受到波及，依赖物流快递履约交付的传统电商的局限性暴露无遗。相关媒体报道，2021年3月，阿里系整合零售通等各路人马，正式杀入社区电商赛道，并提出了近场电商概念。"近"的不仅是物理距离，更是心理距离，不仅满足个性化需求，更具有人性化温度。近场电商的核心触点就是社区团购，通过社区店直连平台与用户。

中商研究院专家团队经过大量研究表明："未来20～30年，零售业发展的主要土壤就在社区，社区养老、社区餐饮等形成的社区零售及服务生态背后是万亿规模的银发市场，这将是社区商业的新增量。"

社区团购的社区店将成为承接近场电商落地的核心业态。无论是平台自营还是加盟，能否掌握社区店资源将成为全国巨鳄和地方翘楚能否决胜社区的关键要素，特别是在紧急情况发生时情况更是如此。当社区被管控，人们的生活物资需求只有通过线上采购来满足，而社区团购的社区店作为自提点和服务网点，此时担当起无接触配送职责，极大地方便了人们的生活。当社会处于正常运行状态的时候，社区团购因为具有信用价值，近场电商也更有温度，私域流量变现也更能长久。

1.2.10 落地集配

中商研究院专家韩友环认为，传统电商与社区团购的区别体现在商品的履约交付方式上，传统电商是一件代发，社区团购是落地集配。社区团购组织形式由中心式变为分布式，能够满足用户区域个性化与定制化需求。社区团购发展至今不仅形成了数以百万计的团长群体，同时也培育出了成千上万的网格仓，团长群体和网格仓构筑起了社区团购赛道的基础设施，这也是社区团购能够实现落地集配的关键所在。

也就是说，社区团购已经形成了"平台—中心仓—网格仓—团长—用户"的履约交付闭环，地方团形成了"平台—团长—用户"的数字短链体系，它们都可以实现落地集配。相较于一件代发，落地集配的低成本和高时效性优势更强。例如，某地社区团购平台通过落地集配，将运营成本控制在7%

左右，在让利和成就团长的同时，真正将价值让渡于用户。中健团社区驿站正在落实这样的社区团购服务功能，为社区团长赋能，也为居民交流和认知社区团购服务。

1.3　社区团购的发展历程

商业专家宋舒易认为，社区团购是从生鲜电商模式中不断创新而来的。自 2005 年生鲜电商起步以来，不断朝着优化购物体验和降低成本的方向发展，经过多年的不断完善，已经历了纯电商、前置仓、配送到家、社区团购的演变阶段。而社区团购又借势微信小程序的成熟生态和低获客成本的优势，从 2015 年开始呈现爆发式的增长。时至今日，社区团购凭借发展快、可复制、模式新的特点，用户范围和市场范围不断拓展。

中商研究院社区团购课题组研究表明，2015 年之前，微信红包的兴起，为人们培养了移动支付的习惯。与此同时，同城配送也开始崛起，因其方便快捷而被人们广泛接受。这两大因素为社区团购的发展创造了坚实的发展条件和社会基础。此阶段，顺丰优选、一号生鲜、本来生活、沱沱公社、优菜网等商家纷纷涉足生鲜行业，为该行业的快速发展注入了源源不断的动力。

2016 年，长沙地区出现了社区团购雏形，但这个阶段的社区团购模式存在 SKU 有限的问题，导致盈利受到限制。随后前置仓模式开始出现，如每日优鲜、叮咚买菜等社区团购平台通过自建仓库、组建配送团队的方式进一步完善了社区团购模式。与此同时，各平台又利用补贴策略进行线上获客引流，取得初步效果。但是这种社区团购模式又出现了履约成本太高、烧钱严重的问题。

2016年，兴盛优选首创用户提前下单、次日自提的模式，这种模式与传统的平台电商和商超相比，成本大大降低，很多刚需商品因性价比较高，对社区用户具有很大的吸引力。

按照中商资本有关研究，2018年社区团购的发展加快，很多巨头嗅到了风口，开始关注并布局这一领域。此时，S2B2C模式悄然兴起。据相关数据统计，2018年社区团购平台融资项目约20起，融资额高达40亿元，3个月内，虫妈邻里团、你我您、十荟团等，兴盛优选、美家优享等平台微信小程序的用户规模快速突破200万。

2019年，社区团购进入加速发展阶段。据《中商情报网》统计，这一年其增速达到300%。社区团购行业市场集中度不断上升，且不断洗牌重组，部分社区团购平台出现收购和组合现象，例如，2019年8月，你我您并入十荟团。

平安证券分析员卫芹芳说，2020年，新冠疫情的突发呈现多点形态，很多省（市、区）受到波及，政府的临时封控政策迫使人们改变消费习惯。在这种特殊的背景下，社区团购发挥出得天独厚的优势，迎来了全面的发展机遇。正如本书前文所述，在新冠疫情的催化下，社区团购又一次进入大众视野，美团、拼多多、京东、滴滴纷纷涌入这一赛道，并把社区团购作为重点发展方向。相关统计情况如下：2020年7月，美团宣布成立优选事业部；2020年8月，滴滴的橙心优选上线；2020年9月，拼多多的多多买菜正式上线；2020年9月，盒马成立盒马优选事业部；2020年10月，苏宁菜场社区团购平台在北京上线。

在此阶段，很多传统社区团购也没有停止发展的步伐，纷纷开始新一轮融资。例如，阿里社区电商的对外统一品牌淘宝买菜，构建了社区"一刻钟便民惠民智慧社区生活圈"，与此同时，还与菜鸟驿站、饿了么联手，为社区小店提供"一店多能"的柔性定制方案。

中商资本研究表明，2020年，社区团购和生鲜电商领域融资额不断上升，统计数据可以说明这一趋势，从2019年的96.5亿元跃升至2020年的174.8亿元。其中，十荟团在2020年内三度获投，共获2.497亿美元融资；兴盛优选完成了8亿美元的C+轮融资，投资方包括KKR、腾讯投资、红杉资本等。此外，谊品生鲜、兴盛优选、海豚购、好邻好物、十荟团、菜娘子等均得到资本垂青。

2021年9月14日，阿里社区电商整合盒马集市与淘宝买菜，统一升级为新品牌淘菜菜。

2022年3月，上海新冠疫情蔓延，催生了几十万社区团长，在保障社会基本生活、减少消费者与大量人群密切接触等方面发挥了积极的作用。

综上所述，我们可以看出，社区团购作为从生鲜零售不断演变而来的模式，虽然发展历史并不长，但发展速度很快，重组频繁，大小参与者竞相布局，资本也开始纷纷进驻。

1.4　社区团购的系统更新

社区团购主要是满足人们日益增长的物质和文化需求，这是人性的规律，也是商业的潮流，不可阻挡。

营销专家袁清认为，社区团购未来最核心的趋势是与人心相融，它涉及的全生产力要素包括政府社会治理的服务精神，以及高效、廉洁、包容、愿景、信任、利他、授权等要素供给。社区团购的生命力在于系统思维、开放思维，它融合土地、资本、人力、信息、战略、营销等要素，特别是当下科技赋能倍增和战略营销牵引的效应，形成了企业规划、建设、运营的新业态。

1.4.1 社区团购的商业本质、发展趋势、发展预测和面临的挑战

社区团购的商业本质是流通效率的提高。在复杂的流通体系建设中，中国诞生了巨量的流通资源，对于广大企业而言，如果将品牌在复杂的流通体系中找到最合适的资源配置模型是企业运营管理的实质，所以，社区团购因为其直接连通消费者的独特价值，而形成了其最具特色的商业本质。

1. 商业本质

很多商业模式都有与生俱来的优势，商业专家、上海商学院教授李育冬认为，社区团购也不例外，与传统电商平台相比，社区团购拥有非常特别的商业本质，主要表现为以下3点（图1-4）。

图1-4 社区团购的商业本质（中商商业工程技术研究院整理）

（1）社区商业化

北京大学经济学院教授王大树认为，社区作为一个固定的场所，从经济角度来看，其商业流量无疑是固定不变的，所以这是一种存量竞争和服务竞争，而不是流量竞争。也就是说，社区团购是针对固定人群提供服务的。与此同时，与其他营销模式不同的是，存量竞争商业模式不用特别关注获客方面的问题，只要重点关注如何提升用户的复购率和不断优化购物体验即可，而社区团购正是这种模式的力行者，把社区存量通过服装、食品、美妆、小家电、百货、食品等不断实现商业化，也是一个不断商业社会化的过程。

（2）私域商业化

知名商业专家袁海涛认为，社区居民微信群作为社区团购的基本交易场景，本身就是一个私域流量，与传统的电商平台相比较，社区团购模式更加简单和快捷，而且不断向生态化、业态化发展。在社区团购中，用户体验非常好，用户只需前台搜索商品，跳转商品详情，浏览商品，下单支付就可以坐等商品，可以很好地助推社区居民微信群的商业化，也就是这个私域流量的商业化。

（3）人脉商业化

社区团购的主体由团长和团员组成，二者都可以是社区居民，消费是在真实的场景中发生的，互相之间都是熟人。因此，社区团购是以情感和信任为纽带发展而来的。

《社群营销》一书作者袁海涛认为，在社区团购模式中，商品当然重要，但商品背后的连接更重要，它是以人脉、关系、情感和信任为基础的。例如，社区团购中的团长很可能原来是小区附近的便利店老板，本身与社区居民之间就非常熟悉，所以开展社区团购时，社区居民对便利店老板的信任就会转移到对社区团购商品的信任之上，而这种信任是经过很长时间才积累下来的，自然非常牢固。

2. 发展趋势

社区团购经过几年的积累和蓄势，在我国呈现出了良好的发展趋势（图1-5）。

图1-5 社区团购的发展趋势（中商商业工程技术研究院整理）

(1) 基础坚实：国内社区人口密度大

世界银行及国家统计局数据显示：中国人口密度长期维持在 150 人 / 平方千米左右，低于韩国和日本。而我国城市及县城的人口密度显著高于全国平均人口密度，2018 年，城市和县城人口密度分别为 2546 人 / 平方千米和 2231 人 / 平方千米，近年逐年上升，且远高于全国平均人口密度 148 人 / 平方千米。由此可见，我国目前人口不断向城镇聚集，密集的人口为社区团购的发展创造了得天独厚的基础和条件。

(2) 商品热销：社区团购商品多为消费者刚需

艾媒咨询进行的消费者调查显示：超五成用户主要在线上购买蔬菜、水果和肉制品。社区团购的商品以生鲜为主，在此基础上，又拓展出更多的刚需品类。而在使用社区团购的用户中，调查结果显示超四成消费者主要在社区团购平台购买水果生鲜、粮油调味品、零食饮料等商品。由此可见，社区团购主要的消费群体是社区居民，商品品类密切贴合社区居民的生活所需，十分受欢迎。

(3) 潜力无限：社区团购潜在消费者规模大

上海商学院社区团购研究小组发布报告称，消费者参与社区团购时，是通过团长发在微信群中的小程序进行的，通过线上下单预付的方式进行消费。小程序在其中发挥着重要的作用，因方便快捷而赢得消费者的信赖。目前，在传统电商平台及移动购物 App 行业用户增长滞缓的发展背景下，社区团购借力小程序，相比其他线上消费渠道更加人性化，门槛更低，因此潜力更大。

(4) 需求较大：下沉市场存在较大需求缺口

对于下沉市场来说，生鲜零售的覆盖并不完全，存在很多空白领域。受新冠疫情影响及得益于下沉市场居民消费需求的不断增长，社区团购的市场规模也在不断扩大。与此同时，随着社区团购巨头的入局，社区团购供应链及物流基础建设也在不断完善。

传统的生鲜电商主要针对一二线城市，低级城市的需求不作为其重点覆盖领域。因为一二线城市人口密集度较高，对生鲜品质要求较高，而低级城市满足不了传统生鲜电商的健康发展条件。在此基础上，社区团购凭借自身的独特优势不断下沉市场，发展势头强劲。

（5）盈利模式合理：盈利模式良好，适合广泛推广

中商研究院专家、本书专家组成员宋舒易认为，将前置仓模式、店仓一体化模式与社区团购的盈利模式作对比，可得出各自的收入成本估算和分析结论，具体如下。

① 对于前置仓模式和店仓一体化模式来说，日单量越多，客单价越高，则越可能盈利。

② 社区团购的盈利模式对于客单量、客单价要求相对更低，更容易跑通。

因为社区团购模式对于客单量、客单价没有特别高的要求，因此社区团购模式更容易在低级城市推广，也更容易实现市场覆盖。这些低级城市的客单量、客单价相比一二线城市要低很多，这就是社区团购模式盈利的关键所在。

（6）扩张迅速：可以快速复制，规模扩张快

社区团购模式非常容易复制，在很短的时间内就可以实现扩张。因为社区团购不需要选址、租店面、装修，也不需要建立仓库，不用投资太多，这是其他生鲜零售业态所不能比拟的。以美团优选为例，据统计，在2000年8月挺进广佛两市后，美团优选率先以广东为标杆区域，在东莞、中山和韶关等14城接连落地，而广佛业务在45天内就实现了月销破亿元，日单量近40万的业绩。

3. 发展预测

中商研究院对社区团购的发展预测具体如下。

（1）多元化发展

我们一直以为，社区团购的目标群体是社区居民，经营模式是为他们提供日常生活的刚需、高频类的商品，商品以生鲜品类为主要类别。经过这几年的快速发展，团购商品种类愈加丰富，覆盖生活的方方面面：日常用品、美妆护肤、鞋帽箱包、小型家电等品类。由此我们可以预测，随着社区团购的不断发展，未来的团购商品类别还会有所拓展，渗透到各行各业。

（2）多维化发展

我们一直以为，社区团购是异军突起、群雄逐鹿的状态，会生出很多分支，如社区电商、地方团、团批、物业团等各种模式的社区团购。随着社区团购的不断发展，一些其他模式的社区团购平台也得到推广和壮大，所以未来社区团购会向着多维化发展。

（3）品牌化发展

当前的几大社区团购平台已经把自营品牌当作推广的重点，且品类不断扩大，如叮咚买菜的叮咚自营、美团买菜的象大厨等都是以销售自营品牌为主。对于社区团购平台上的其他品牌供应商而言，他们的竞争压力会越来越大，甚至会被淘汰出局。但这是一个不可避免的趋势，因为对于社区团购来说，要想获得长远发展，品牌化是必由之路。

（4）下沉式发展

经过快速发展，社区团购行业的供应商、运营平台、支付、物流、服务等产业链逐步完善，行业进入规模化扩张阶段。社区团购的重点发展领域已经拓展到了三四五六线城市，县城乡镇是传统生鲜电商的触角没有触达的领域，但社区团购通过下沉式发展，如多多买菜、美团优选等，已经实现了区域全覆盖。很多农村居民对社区团购早已了如指掌，能熟练地运用这些平台购物。这对于社区团购的发展，特别是一些小的地方团来说，是一轮很好的发展红利，可以借此进一步下沉，实现社区团购网络全覆盖，打通购物"最后一公里"。事实证明，已经有不少实力雄厚的地方团通过下沉式发展实现了盈利。

（5）连锁式发展

受社区团购影响，连锁和地方超市的市场占有率不断缩水，但"超市+社区团购"的新零售模式必然会成为一个全新的发展方向。现如今，很多商超已经看到了这一点，并开始快速布局。连锁超市本身在供应链、货源、员工、会员等方面有着天然优势，入局社区团购轻而易举，只要借助相应的互联网技术就可以顺利实现。

（6）数字化发展

大量实践证明，经过几年沉淀，社区团购可以用最低成本解决"最后一公里"的配送问题，传统的人工、运输、仓储等环节的症结迎刃而解，同时社区居民也得到了最优的购物体验。因此，社区团购的竞争会愈加激烈，这是必然趋势。打造一个数字化的社区团购平台，达到供应链流畅、消费者信赖、营销活动丰富、选品智能化的标准，是社区团购平台脱颖而出的关键所在。

4. 面临的挑战

对于社区团购所面临的挑战，中商研究院社区团购课题组总结为如下几个方面。

（1）政策监管趋严

社区团购前几年疯狂发展的"烧钱模式"受政策监管影响，现在已经不再适用了。人们都意识到这一点时，对社区团购业务的投入就会回缩，也就意味着社区团购行业彻底告别野蛮增长时期，正式进入理性发展阶段。

（2）供应链存在瓶颈

社区团购属于社群零售，也就是属于零售的范畴。所以要想做好社区团购，就需要做好零售体系。在现在我国零售市场背景下，如果要实现这一点，就必须建立起三大体系：差异化的商品体系、稳定的顾客群体系、高效的企业运营体系。在这三大体系中，发挥重要作用的是差异化的商品体系，这是做好社群零售和零售体系的关键所在。特别是在我国当前的消费市场环境下，竞争激烈，商品丰富，如果只依靠社群拼团的模式是无法吸引消费者的。所以，商品的差异化非常关键。

此外，社区团购的三大关键点是获客、供应链优化和物流配送。但在现如今的社区团购模式中，社区团长的工作重点在于低成本获得客户和高黏度的客户群体，显然不可能再分出精力去开发更优质的供应链和快捷的配送物流。

（3）佣金大幅缩水

在媒体头条上，我们经常能够看到社区团购平台给团长的佣金开始下调。例如，多多买菜的佣金比例从原先的15%降到了2%~3%，美团优选的佣金也降至10%左右。

上海商学院调研报告显示，社区团购团长佣金下调已经成为一个常态化的事件。事实上，社区团购平台在降低团长佣金方面已经有很多操作。据统计，降低团长佣金或者优化社区服务网点运营成本会成为社区团购经营体系的一项长期的工程，也标志着社区团购进入一个长期健康发展的新轨道。

这是因为亏本的生意可以暂时做，但不能一直做，否则生意便不可长久。所以，降低团长佣金是很自然的选择，这也标志着社区团购正在进入健康有序发展的轨道。

1.4.2　中国零售业的3次生产力革命

新零售不是一个新生事物，包括无界零售、智慧零售等，本质上都是一种模式。中国商业经济学会副会长宋向清长期研究中国商业史，对中国零售业的发展史进行了总结，可概括为以下3次生产力革命。

1. 第一次生产力革命

新中国成立后，我国还处在物质极度匮乏的时代，一直到改革开放前，人们的物质生活水平相对较低，供销社是人们购买生活必需品的主要渠道。

供销社作为一个供应农村和城市生活必需品的机构，是那个年代中国商业的一个重要组成部分。由于物资供应紧张，人们往往需要排长队才能在供销社购买到所需物资。

人们在供销社买东西的时代，被称为卖方时代，消费者对商品没有选择权，供销社卖什么就买什么，而且能够买到已经是很幸运的事情了，消费者没有商品选择的概念。改革开放给中国经济带来了勃勃生机，1998年，沃尔玛落户中国深圳，开启了一个开架式的自选购物时代，这意味消费者主权时代的到来。事实上，在供销社及代销点时代，自选型超市在当时是个非常新奇的事物，也是新零售的雏形，这种以地段为中心的自选超市、便利店、百货实体零售被定义为我国零售业的第一次生产力革命。

2. 第二次生产力革命

2003年5月10日，阿里巴巴推出淘宝网，此后不久成了全球知名的C2C电商平台。它第一次将货架从实体店、超市拓展到线上，利用互联网技术打破了用户消费购物的时间与空间限制，消费者可以随时随地在线上购买不同类目的商品。线上电商24小时全天候不打烊，各种商品都可以在网上展示和销售，弥补了传统商业渠道的不足，提高了商品的销售效率，扩大了商品覆盖面。消费者想买什么，随时随地都可以实现。淘宝、天猫、京东、苏宁易购、唯品会等电商平台，满足了消费者的购买欲。这时的线上电商就是新零售的演变和进阶，此时的超市业态就变成了传统零售，线上搜索型电商被定义为我国零售业的第二次生产力革命。

3. 第三次生产力革命

随着网络直播带货市场的火爆，以个人IP为特征的新社群电商的崛起。

网红经济所体现出来的运营社群成为一个非常重要的商业模式。一时间，人人皆网红，个个谈流量，是中国商业流通经济的主旋律。正是在这样的背景下，网络信任经济在市场的另外一端悄然而至，线下服务流量结合社区团店发展成为第三次商业流通的主流力量。

1.4.3　中国流通体系最后的风口

现代流通体系涵盖内容较多，涉及范围也比较广。通常来说，流通是指产品在生产者和消费者之间的移动过程，具有社会性和经济性的特点。在这个移动的过程中，产品的地理位置和所有权也会发生改变。所以，流通不仅仅只是商品的移动过程，也包括商品买卖的过程，是这两个过程的综合。商务部专家洪涛认为，流通体系包括两个方面的内容：一是保障产品流通的社会信用、保障供应和市场规范等服务体系；二是支撑产品流通的基础体系，可分为商贸流通和物流运行体系等。

目前，我国现代流通体系呈现层次结构多元的特点，在体制机制、市场建设、配套设施和技术支撑等方面发展迅速。特别是随着互联网信息技术的不断渗透和应用，我国流通体系的现代化水平不断提升，一些新业态、新模式不断涌现，社区团购就是在这样的时代背景下诞生的。这种全新的商业模式，能够全面体现我国流通体系的信息化、网络化、集约化和智能化的特点。

我国有句俗话叫"远亲不如近邻"，但随着社会经济的快速进步，城镇化水平的不断提高，邻里关系也因此发生了巨大改变，大家的熟悉度有所下降。社区团购的出现，打破了这种邻里关系的壁垒，使邻里之间产生了亲密的关系，且彼此联系日趋紧密。社区团购以其便利、安全的特性，成为越来越多消费者的新选择，为居民日常生活提供了高性价比的生鲜食材和日用品，成为日常生活消费升级的重要支撑。

中商研究院认为，借势互联网平台的不断创新，社区团购平台的服务范围和服务深度也会不断拓展，社区团购在更好地满足社区居民日常需求的同时，在推动消费增长方面也发挥着重要的作用，已经成为中国流通体系最后的风口。

1.4.4　商业信用社会建设的重要推手

社会信用是经济社会健康发展的前提，也是每个企业、事业单位和社会成员立足于社会的必要条件。建立健全社会信用体系意义重大，因为这是诚信建设的基础环节，是完善我国社会主义市场经济体制的重要组成部分，也是一项长期复杂的系统工程。

当前，我国正处于经济社会转型过程中，社会诚信出现了很多突出问题，主要表现为社会信用观念淡薄、商业欺诈、制假售假、虚报冒领、学术不端等现象屡禁不止，不依法行政、司法不公等情况时有发生。这些不诚信行为的存在，极大地破坏了市场环境和社会秩序，严重损害了公共机关公信力，增加了社会成本和风险，降低了经济和社会的运行效率，同时也从侧面折射出社会信用体系建设的迫切性和重要性。

商业是信用成长的沃土。国财信国际信用评级中心专家陈哲岚认为，从我国当前的社会发展情况来看，支付宝等商业平台已经开始助力社会诚信体系建设，不仅将商业信用上升为一种个人信息的体现，更是从价值的角度挖掘出信用为人们带来的收益。社区团购模式运作中，诚信是最基本的要求，人们不会为了短期利益而牺牲长期利益。例如，社区居民凭借社区团购平台上的图片和视频就可以选择下单购买各种生活所需，完全相信社区团购平台的商品质量和品质，而社区团购平台也在努力为广大的社区用户提供保质保量的商品，这其中信用发挥着很重要的作用。由此可见，社区团购已经成为商业信用社会建设的重要助推器，功不可没。

1.5 社区团购新"人、货、场"的关键角色

社区团购系统涉及多个合作关系方，通俗易懂地说，生态互联，众生有相。社区团购生态关系如图 1-6 所示。

图 1-6 社区团购生态关系（中商商业工程技术研究院整理）

1.5.1 角色一：政府

政府在社区团购模式中发挥着监管作用，而且这种监管越来越严格，且从未松懈。2020 年 12 月 11 日，《人民日报》发文指出："互联网巨头掌握先进的算法、海量的数据，理应在科技创新上有更多的担当，有更多的追求。别只惦记着几捆白菜、几斤水果的流量，科技创新的星辰大海，未来的无限可能性其实更令人心潮澎湃。"

《人民日报》作为政府的喉舌部门，虽然只是发声，但也第一次从侧面反映了政府部门在社区团购中发挥的重要作用。虽然飞速发展的社区团购为民生保障贡献了自己的力量，功不可没，但出于利益驱使，一些社区团购平台还是出现了哄抬价格、质量欺诈、以次充好等不正当竞争行为。为此，政府市场监督部门在监督的过程中，应不断发挥监督告诫的作用，

持续加强对社区团购组织者、经营者的提醒告诫，对不法行为依法予以严厉打击，切实维护市场价格秩序，保障消费者合法权益。下面以上海市为例进行说明。

上海市市场监督局为保障新冠疫情防控期间基本民生商品及防疫物资市场价格的基本稳定，强化和规范本市市场监管部门查处哄抬价格违法行为，依据《中华人民共和国价格法》《价格违法行为行政处罚规定》《价格违法行为行政处罚实施办法》等规定，出台了《关于疫情防控期间认定哄抬价格违法行为的指导意见》，后又发布了《关于规范疫情防控期间"社区团购"价格行为的提示函》，但之后仍有经营者利用社区团购模式，借新冠疫情之机，坐地起价，肆意抬高团购商品价格，采取价格欺诈等不正当竞争行为，扰乱正常的市场价格秩序。对此，上海市市场监管部门在加强对社区团购组织者、经营者提醒告诫的同时，对不法行为依法予以严厉打击，明确宣示社区团购不是法外之地。

政府相关监管部门提醒告诫社区团购组织者、经营者应当加强价格自律，规范明码标价，守法依规经营；不得利用虚假的或者使人误解的价格手段，诱骗消费者或者其他组织者、经营者与其进行交易；不得捏造、散布涨价信息，囤积居奇、哄抬价格，推动商品价格过高、过快上涨，扰乱市场价格秩序。

与此同时，上海市消保委也向社区团购组织者、经营者做出以下提示。

① 遵守明码标价规定，充分告知相关信息。在社区团购中，消费者获取的信息主要来自团长，团长应当明示团购所包含商品的品名、数量、单价及总价等信息。销售基本生活消费品的，还应标明规格、重量、保质期、贮存条件等与价格、质量密切相关的信息，以及物流状态和发放方式等。如果发生变动，团长应及时告知参团消费者，并友好协商处理办法。

② 承担交易审查责任，尽到审慎注意义务。团长应对供应商的身份资质等进行必要的查验，确保货源真实和运输可实现。根据实际情况判断是

否提前与社区管理者协商沟通，对团购物资后续接收分发等环节达成一致意见，互相配合。

③ 保护消费者合法权益，协助处理售后纠纷。团长应当明确售后服务联系人和联系电话，若出现漏发错发、质量瑕疵、商品临时短缺、物流临时变动等情况，要及时与供应商协调沟通，提供退差价、取消订单等解决方式供消费者选择。

④ 履行群组管理责任，维护清朗网络空间。团长组建微信群后，如果群成员在群中发表不当言论，或转发未经求证的信息，应谨慎辨别，及时阻止或更正，维护网络传播秩序。

⑤ 履行信息保护责任，保护公民个人信息。团长在群组内收集到的姓名、手机号、家庭住址等信息，属于受法律保护的"公民个人信息"，在使用时应做好匿名处理。

在这个提示中，我们可以看出，为更好地保护消费者的权益，上海市消保委重点提醒消费者注意以下几点。

① 核实团长身份。消费者可通过品牌方的官方微信或电话核实团购信息，甄别团购真实性。

② 记录必要信息。如有必要，消费者可对参团时间、下单渠道、购买品类、交易价格做好记录，以便追踪物流时效。

③ 及时接收验货。消费者应在收到货物的第一时间核对数量、种类是否与团购信息相符，查验物资是否有明显质量瑕疵。

④ 注意留存证据。消费者可保存产品的宣传介绍和服务承诺、与团长的聊天记录、电子订单页和自身转账记录等信息。

⑤ 妥善处理争议。如遇团购消费争议，消费者可向团长反映问题，让团长与供应商做好沟通，通过协商方式快速化解，自行协商无果的，可拨打12315或12345进行投诉举报。

1.5.2 角色二：供应商

供应商是社区团购中 5 个关键角色之一，因为只有好商品才会有顾客来购买，商品要放到第一位，优质的商品是社区团购的核心。商品质量好、价格实惠、性价比高，才能提高商品的吸引力，吸引更多的顾客购买。而且，因为社区团购平台是预售制，当天下单，次日送货，所以不会囤货，这就对供应商提出了很高要求。所以要成为一名合格的供应商，需要具备以下几个条件。

① 具备稳定的供应链。社区团购的经营并不容易，因为控制市场环境和把握粉丝群体都需要经营者付出很大的精力。如果没有稳定的供应商和供货量作为后台支撑，那么社区团购项目将无以为继，更不能走得长远。所以，社区团购中的供货商必须具备稳定的供应性才能满足社区团购发展和竞争的要求。

② 具备货源的优质性。供应商要想与客户和订单量稳定的社区团购平台合作，必须不断提升自己的货源品质和自身规模，进而有效提升自己的商品实力，做到实时供应，并确保供应的安全和诚信。供应商只有具备货源优势，才能为长久营销带来保障，满足大型社区团购平台的需求。

③ 具备完善的服务链。供应商要想为社区团购平台提供高效稳定的供应服务，自身服务就必须过硬。比如，具有完善的服务链、有专门的服务团队、有专业的系统软件等，能够在供应方面进行科学管理，这样供应商才能更好地和社区团购平台对接、减少失误和差错，从而提升自己的竞争力。

1.5.3 角色三：平台

社区团购与普通电商有一个非常明显的区别，即需要小程序平台作为运营载体。小程序平台在社区团购中发挥着重要的作用。

1. 便于连接用户

借助社区团购小程序平台，社区团购可以与微信这个大用户基数平台实现用户连接，并与社区居民实现互动，这样的裂变、传播及成单效率将大大提高。

2. 方便快捷体验

一线城市居民大都工作压力大，时间紧迫，喜欢追求便捷高效的购物方式；三四线及县域居民，时间相对充足，对价格比较敏感。社区团购可以很好地满足不同用户的购物需求，用户可以在手机上随时随地浏览和购买商品，非常方便，省时省力省钱。

3. 降低促销成本

社区团购小程序平台只需一次性投入，所有功能齐全，除了更新商品需要人工操作，其他不需要特别的人工维护，成本很低，却可以实现收益最大化。

一个好的社区团购小程序平台，需要满足以下几方面的要求。

① 要符合社区团购运营者的运营理念和要求。

② 营销功能要齐全，比如要有秒杀、抽奖等营销插件，这样可以很好地助力后期运营者利用各种活动推广商品。所以社区团购小程序平台的营销功能决定了社区团购的推广力度和深度。

③ 要能够持续升级，这样可以根据市场的变化，灵活调整营销功能和策略，而不用受限于营销功能的固定化。

④ 要能够支持自定义装修，即类似于店面装修。不同运营者对自己线上平台的形象会有不同要求，所以不支持自定义装修的社区团购小程序平台会给消费者留下呆板无趣的印象。

⑤ 要安全稳定，保证系统安全稳定运行，因为这直接关系到消费者的账户和财产安全问题。

⑥要简单易操作。随着互联网技术的普及，人们已经习惯便捷方便的操作，本能排斥复杂和不容易上手的平台或软件，更愿意选择一看就懂、马上就可以上手操作的平台或软件。特别是社区团购目标客户以老人、宝妈等人群为主，一定要保证他们能够便捷地进行平台操作。

1.5.4 角色四：用户

用户在社区团购运营过程中非常重要，因为社区团购主要以社区为基本单位，以熟人和半熟人为推广和营销依据。用户在平台购物离不开平台的口碑，而这种口碑主要来自社区其他用户的推荐。为此，在社区团购运营过程中应注重让用户这个角色发挥出积极的作用。

一是提升活跃度。在社区团购运营过程中要注重用户的活跃度，如果老用户不活跃，新用户不来，平台发展和运营的难度会增加。为此，可以通过选品、促销等活动更好地满足用户的需求，间接提升用户的活跃度。二是带动分享。团长可以借力社区团购小程序的分享功能，在社群里分享商品链接、海报或者相关功能作用，从而带动用户购买或分享。所以，社区团购平台之所以有良好的用户口碑，是因为用户是消费者的同时，也是传播者。三是做好售后服务。售后服务好，可以让用户购物、分享没有后顾之忧，进而拉近用户与平台的关系，切实提升用户的积极性和活跃度。

社区团购模式下，影响用户购买行为的因素主要有以下几个方面。

1. 购物环境

研究表明，购物环境直接影响用户购买行为，而且这种影响非常明显。在传统营销模式下，线下门店可以通过商品陈列创意度、店面清洁度、店内人群密度、工作人员恰当的接待和推销等因素来影响用户的购物行为。而对于社区团购而言，购物环境主要表现为线上平台界面的美观度、平台操作的便捷性、产品外包装的清洁度、配送过程中的防护措施等。也就是说，社区团购平台的每一个环节越规范，用户对其信赖程度就越高，客单量和复购率就越容易得到提升。

2. 食品安全

社区团购模式下，产品的品质保障也会在很大程度上影响用户的购买行为。特别是生鲜产品，在温度高的季节和地域特别容易腐损，尤其是南方夏季，在高温高湿度环境下储存时间特别短。尽管预售制能为社区团购平台减小很多库存压力，但次日达的快捷也因此减少了产品拣货、包装的时间，所以如何在社区团购模式下保证商品的品质和新鲜程度就是一个很大的考验。

3. 品牌信任

对品牌和意见领袖的信任度也会影响用户的购买行为。虽然现在有机、绿色产品越来越多，而且很多农产品的包装上也有产品质量方面的标识，但用户却不一定了解内情。他们更愿意通过品牌和口碑来判断产品是否健康和安全。也就是说，用户对品牌、团长的信任度越高，他们就越愿意在社区团购平台上购物。与此同时，在自行选择购物的时候，用户也倾向于选择自己比较熟悉的品牌。所以，对于社区团购平台来说，提升平台自身产品质量和整体形象特别重要，它有利于打造品牌化，从而可以直接影响用户的购买行为。

1.5.5　角色五：团长

团长在社区团购中是非常重要的角色，因为团长是平台和用户的连接者，没有团长，就没有社区团购，其业务能力直接影响社区团购平台的整体业务能力和收益。也就是说，团长在社区团购中发挥着重要的作用。团长主要有以下几个方面的工作。

① 运营社群。团长入驻平台想要有一个好的销售基础，必须要运营好社区团购群，这样才可以提高门店营业额，增加佣金收入，寻找平台潜在消

费者。

②收货分拣。团长需要接收、分拣和分类供应商发来的商品，与此同时，有些易坏需保鲜的商品要及时存储、冷冻好，保证商品的新鲜度和品质。

③通知消费者收货／送货上门。因为社区团购平台大部分采取的都是"线上预售＋门店自提"的模式，所以团长在收到商品并分拣和分类之后，就要第一时间通知消费者到自提点取货。如果消费者没有时间，或者团长主动提供"送货上门"服务，那么团长就要及时送货，确保商品以最快的速度到达消费者手中。

④协助做好售后问题处理。一般情况下，社区团购平台的售后在团长的自提点就可以完成，因此消费者遇到售后问题都会到自提点找团长解决。此时，团长就要负责处理相关问题，安抚好消费者，与平台积极沟通，直到消费者满意为止。

此外，随着社区团购的不断发展，又出现了一种叫"独立团长"的角色。独立团长并不是一个人，而是一支队伍，由具有高度服务性和专业能力的人组成，有一定的社群影响力。独立团长并不隶属于某一家社区团购平台，而是可以同时服务多个平台。在服务平台的过程中，他们会先对社区团购平台及平台的商品进行筛选，选择自认为过关的，才会在社区居民中推广和营销。

1.6　社区团购管理模式创新

中健团社区团购博览会作为中国社区团购首发平台，对社区团购的几个重要认知值得借鉴：一是中国特色社会主义建设的重要保证；二是解决了全国统一大市场的"最后一公里"问题；三是开创了中国消费升级的必由之路；四是商业信用社会建设的重要推手。

1.6.1 社区团购与传统生鲜零售的比较

营销专家吴洪纲博士认为，社区团购在营销和渠道方面都有不同程度的创新，是一种正在不断完善的模式，与传统生鲜零售相比，它以集采集配制、团长制和预售制为主要胜出亮点，因此在商品价格上具有不可比拟的优势，更适合比较在意价格高低的用户，也更适合在三四线城市推广和复制。

在成本和库存方面，低价和高社交性是社区团购区别于其他零售模式的两个特点。之所以低价，一是因为社区团购的集货成本较低，与拼多多模式类似，货源包含尾货及滞销类生鲜产品，但质量上有好有坏，容易出现品质不稳定的现象；二是因为社区团购最吸引社区居民的往往就是低价、爆款、性价比高这三点，这也是很多社区居民对社区团购的初步印象，吸引社区居民进行微信下单。

艾媒咨询调研数据显示：社区团购平台商品价格实惠是大部分消费者选择社区团购的主要原因，但过半被调查者对商品质量存在担忧。除此之外，36.9%的被调查者认为社区团购节省时间，36.4%的被调查者使用社区团购的原因是邻友曾经使用过，同时，29.3%的人使用社区团购是因为身边多人使用，26.2%的人是因为信任团长。

以上这些数据能够充分体现社区团购的高社交性，以及低运营社群难度。由此可见，基于社区居民对社区团购的信任及预定下单的模式，使社区团购与其他生鲜电商模式相比，SKU（库存量）显著更低。诸如兴盛优选、同程生活、十荟团等社区团购平台的 SKU 均在 1000 种以内，而其他相同类型的传统生鲜零售平台的 SKU 均高于社区团购平台。

在流量和履约方面，中商研究院和上海商学院课题组提出了以下一些观点。

1. 流量成本更低

微信和小程序为拼多多模式的推广提供了基础和前提条件，其去中心化效果非常明显，而社区团购也在此基础上实现了快速发展。对于传统的线下商超或农贸市场，其消费群体主要是周边的居民住户；到家或前置仓模式生鲜零售的流量主要来自互联网，流量成本越来越高；店仓一体化模式（如盒马）的流量主要来自线下实体店原本用户的转化，流量成本虽然比较低，但是转化率并不高。相比之下，社区团购的流量主要来自固定的社区居民，即通过微信聚集在一起的私域流量，引流成本很低，而且具有高社交性，流量具有很高的黏性，所以推广和营销也更为精准。

2. 履约成本更低

履约成本主要包括人力成本、物流成本、包材成本等几个方面。相较于传统生鲜零售，社区团购在采购上具有很大的优势。这是因为社区团购在采购之前就可以通过开团预售的方式凑集社区居民的消费订单，最后形成一个大订单再集中向一个物流地址发货，而不是像一件代发模式那样零散发货，物流和集货成本都较低。与此同时，社区团购以社区居民自提为主，相比于淘宝、拼多多的前置仓模式，可以节省大量的配送到家的物流成本。例如，在2020年中国生鲜零售大会上，十荟团副董事长刘凯曾表示，社区团购的履约成本能达到7%左右。

3. 运营成本更低

社区团购模式中没有专门的前置仓或线下店面的概念，而是把团长的自提点、合作的便利店作为社区团购模式下的前置仓，因此不存在租房、装修店面等方面的运营成本。相较于传统生鲜零售，社区团购中最大的成本是履约成本和团长佣金成本，成本结构非常简单，一目了然，不用过多考虑折旧摊销、优惠券促销、店面和前置仓选址等成本，因此可以大大提升运营效率。

在规模和周转方面，商务部专家张洪良认为，与传统生鲜零售相比，社区团购的最大不同在于预售制度，这个制度极大地解决了生鲜的损耗问题。非预售制度的传统生鲜零售要先确定货源，再针对目标客户进行销售，可能卖掉，也可能卖不掉，资金和库存方面都存在很大的风险。同时，消费者的购买非常随机，想买就买，不想买就不买了，没有固定性。这会导致非预售制的传统生鲜零售稍有不慎就会产生大量的积压库存，如果保管不当，生鲜产品很容易腐坏，只能扔掉处理。所以，非预售制传统生鲜零售容易在缺货和低周转率之间失去优势。

社区团购与之完全不同，它采用的是先下单付款的预售制。社区团购平台的运营者拿到消费者的预买款项之后才会统一集采和发货，有确定性需求、有确定性货源，能大大降低资金周转风险和库存周转风险。所以，与传统生鲜零售相比，社区团购履约时长更有优势，运营成本更低，比传统生鲜零售在刚需生鲜领域更加灵活，也更具生命力。

1.6.2 社区团购与实体商家、传统社区零售、线下团购和传统电商的比较

1. 与实体商家的比较

（1）流量和获客成本方面

社群专家袁海涛认为，在流量和获客成本方面，实体商家往往要花费大量资金装修店面、准备物料，如海报、传单、卡片、易拉宝等，并进行广泛宣传。而依托于互联网运营的社区团购可采用的方式很多，成本也相对较低，可通过微信公众号、微信群、朋友圈进行线上推送，可以实现花最少的钱引来最大化流量的效果。

（2）购物体验和销售成本方面

社区团购使用自上而下层层传导的分配方式代替快递物流，大大降低了物流成本，并专注于固定社区收集订单和配送商品，消费者购物体验更好，销售成本也比实体商家低。

（3）运营模式方面

定制经济专家宁俊教授认为，与实体商家相比，社区团购不存在实体商

家的高租金、高人工成本,而是采用"预售制模式",方法轻巧,人工操作难度较低,有利于广泛复制,可以实现快速占领市场的目标。

2. 与传统社区零售的比较

(1)入行门槛低

相较于传统社区零售,社区团购没有高新技术需要研发,没有巨大工程需要承建,因此几乎任何一个投资者都能够轻松入行。

(2)运营成本低

相较于传统社区零售,社区团购不需要店面,不需要水电,甚至不需要囤货。商品都是直接给到每个小区的合伙人,然后通知客户取货。因此,社区团购的运营成本较低。

(3)现金结算

相较于传统社区零售,社区团购对客户都是先收钱、再送货,资金链有保障,不需要担心货款拖欠等问题。

(4)操作简单

相较于传统社区零售,社区团购操作简单,编辑产品信息、群发、下单、订货、送货、收货、售后等几个步骤,一气呵成。

(5)潜在用户基数大

相较于传统社区零售,社区团购主要面向的客户人群为家庭成员,既可以是宝妈之类,也可以是其他成员,每家每户的所有成员都是潜在客户。

(6)引流方便

社区团购可以帮助实体店的店主吸粉、引流、创收。现在很多实体店的生意并不是很好,客流量少,社区团购是一个很好的引流方式。

(7)可信度高

相较于传统社区零售,社区团购的客户都在同一小区,相互熟识,可信度高,容易卖货,销售压力小。

3. 与线下团购的比较

（1）风险低，成本低

不同于线下团购，社区团购一般是先预下单，隔日再发货，这种模式不存在库存风险，同时社区团购平台可以直接掌控采购与供货环节，实现去中心化，这一过程中没有中间商赚差价，有助于降低成本，且在保证低价的同时还能保证一定利润。

（2）需求高频

不同于线下团购，社区团购主打的是生鲜百货、日用百货、消耗品，能够满足社区居民日常生活的基本消费需求，具有刚需高频的特点。

（3）投资少，回报快

不同于线下团购，社区团购的主要商品是蔬菜水果与日用百货，它们不仅利润可观，且价格低廉。对于平台运营者来说，入行门槛较低，不需要太多投入，只要顺利运营起来，很快就能获得回报。

（4）客源稳定

不同于线下团购，社区团购的团长通常是小区超市店主、小区业主、小区物业。邻里熟人关系背书、老顾客的信任与熟人间的推荐和口碑能使社区团购平台的复购率保持在一个较高的水平。

（5）团长模式

社区团购专家韩友环认为，通常的线下团购采用的是快递发货，配送成本居高不下，而社区团购的商品由平台集中配送，可以说完美地解决了物流"最后一公里"的问题，节约出来的成本可以用于团长分红，进而进一步提升团长的积极性。

4. 与传统电商的比较

（1）获客成本方面

中商研究院研究员李建平认为，传统电商主要是通过搜索和购买来获得流量，从而实现推广和销售。而近年来，随着互联网流量红利的消失，流量成本越来越高，很多传统电商商家已经无力承担这种成本，纷纷放弃。而社区团购只需要通过口碑、微信和小程序来分享裂变，获客成本很低，也正是基于这个原因，社区团购才能够迅速崛起。

（2）获客渠道方面

社区团购经营者散布于各个城市的社区群、物业群中，直接就可以在群里实现咨询、互动、讨论、营销、推广和下单的一系列操作，方便快捷，效率极高。而传统电商经营者则不具备这一特点，他们要进入这些社群需花费很大力气，进去之后，要先发红包，与社群成员互动，然后才有可能获得社群成员的信任，这需要付出大量的金钱成本和时间成本。

（3）货品价格方面

传统电商是消费者通过线上搜索商品，然后多家比较价格，再决定在哪一家购买，但是很多商家不会出现在搜索结果之中，根本没有比价的机会。而随着流量成本的水涨船高，消费者发现，自己在传统电商平台买到的东西，并不比在实体店购买便宜多少，甚至有的会高于实体店。而社区团购消除了很多中间环节，集约化进行采购、发货和配送，那么就具有绝对的价格优势，其高性价比的购物体验是传统电商无法提供的。

（4）购买方式方面

传统电商主要靠消费者主动搜索。面对名目繁多的商品，消费者可以随机和任意选择，并没有什么建议可供参考，只能凭自己的直觉进行判断。尽管也有一些商品评价，但真真假假很难辨别，无法给消费提供实质性的帮助。而在社区团购模式下，消费者可以直接在微信群里进行咨询和购买。社区团购的或者通过熟人介绍购买，互动性和及时反馈都优于传统电商，购买方式和流程也更简单。

（5）物流成本方面

中商研究院研究员李建平认为，传统电商主要是在消费者下单后，通过快递物流配送，一个客户一次配送，客单价和配送履约成本居高不下；而社区团购模式下，一个开团预售可以凑集起一个大的订单，再朝一个小区地址统一发货，无形中就降低了物流成本，这是社区团购很明显的一个优势。

（6）资金投入方面

社区团购是先下单付款的预售方式，而传统电商一般都是自己先备货，然后再找目标客户群体，流程正好相反。在资金投入上，传统电商远远高于社区团购。

（7）人工成本方面

传统电商需雇佣专门的运营人员和客服人员进行营销，才能顺利地完成售前、售后的相关服务工作。而社区团购主要是发动散落在各个社区里的便利店店主、创业者和兼职宝妈等，让他们以社区合伙人的形式参与项目，无须支付固定薪酬，人力成本非常低。

1.6.3 社区团购与新零售的融合发展

新零售既能够促进社会商品流通及销售体系的完善，又可以满足人们日益增长的消费需求，在进一步释放内需潜力、激发消费活力方面发挥着非常重要的作用，与此同时，又因方便快捷和贴近需求的特点，成为消费者的重要购物方式之一。虽然现在新零售行业的便利店规模都不是很大，但各种功能和服务设施却很齐全，它已经不再是只销售商品的单一功能的小店，而是正一点点突破实体零售的业态边界，逐步向社区居民生活一站式服务的方向转型，有望成为向周围居民提供生活服务的后勤管家。这与社区团购未来的发展方向不谋而合，如果在便利店功能拓展和市场需求双重因素的助推之下二者融合发展，将开辟出一个全新的赛道。

也就是说，通过不断提升品牌实力、管理标准、服务能力和数字化水平，很多便利店已经在社区团购平台逐步实现了社区化、信息化、社区团购化与线上线下一体化融合服务的目标。由此可见，这是当前及未来新零售行业的必然发展方向和趋势之一。例如，某新零售连锁便利店依托社区团购平台，统一对商品的进货及销售进行全面的数字化管理，同时通过线上线下联动销售和优化送货到家服务，尽量满足消费者的购物需求。消费者会感觉非常便捷，只需通过线上交易平台下单，小区附近的便利店就能完成送货上门服务，有些商品甚至可以在 30 分钟内送到。这种购物体验是别的电商模式无法提供的。

商业专家吴洪钢博士认为，新零售行业的便利店高频、刚需、小额、大众，既关系到民生，又有社交属性，并且距离消费者最近。与社区团购的整合发展，使其具备了和线上消费一样方便快捷、省力省心的优点。

随着线上线下的不断融合，消费市场正在经历新一轮的深刻变革，行业间的协同效应日益显著。因此，新零售行业在做数字化转型的过程中，会通过与社区团购的整合发展，进一步改善消费者体验，拉近与用户的距离，增强用户黏性。

中商研究院认为，未来新零售行业的便利店服务场景必然会打破传统实体零售业态的局限，这是一个不可逆转的趋势。也就是说，线下有遍布城市各个角落的连锁便民服务网络，线上有方便快捷的社区团购服务模式，未来新零售行业通过与社区团购的整合，会形成线上线下相互融合发展的局面，众多的门店也会成为城镇便民商业服务网络的重要组成部分，共同向社区生活服务一站式服务大步迈进。

线下新零售行业如何与社区团购融合发展，逐步实现线上线下一体化融合服务，关键在于做好以下几个方面的工作（图 1-7）。

图 1-7　社区团购与新零售的整合发展（中商商业工程技术研究院整理）

① 开辟赛道。像兴盛优选那样开辟赛道，与千味小厨、土姥姥新疆牛奶、云南三七牙膏（舒齿康）等嗅觉灵敏的企业打造团品牌，收获第一波融合发展的红利。

② 统筹规划。像可口可乐、康师傅、加加酱油、盐津铺子、克明面业等大品牌那样，公司内部成立专门机构，负责统筹规划自身产品与社区团购的融合发展，进而全面满足消费者全链路需求。对于有一定品牌知名度的企业，它们可以利用社区团购平台这张天网把触角直接伸到社区当中，借助社区团购拓展自己的产业版图。

综上所述，线上线下有机融合、全新的消费场景不仅给社区团购带来了新的机遇，也给正在承受下行压力的零售行业注入了新生力量，像米面、桶装油、酱油、家用调味品等均可以在社区团购平台热销，社区团购会成为新零售行业的一大助力器。

1.7 社区团购平台

1.7.1 社区团购平台的分类

1. 社区团购平台依据创建基础分类

商业模式的创新总是构建在产业整合和产业演变过程中，这是商业文明发展的主要动力。在中国商业流通产业发展的过程中，我们看到了社区团购所带来的变革，也见证了市场的资源配置和商业向善的必然结果。

所以，社区团购的平台发展正是对过去流通产业发展所遗留下来的众多资源的包容性整合和创造，是对众多大大小小供应链的再集中，是对传统实体门店的人性化改造和利用，是对众多服务社区的微商平台的颠覆性创新，也是对众多的社区从业者的再一次排列组合，总之是新型商业"人货场"的再一次动员和集结。

如此，我们就可以粗略地看到社区团购平台来源的多个要素和它们的众多的创建基础（图1-8）。

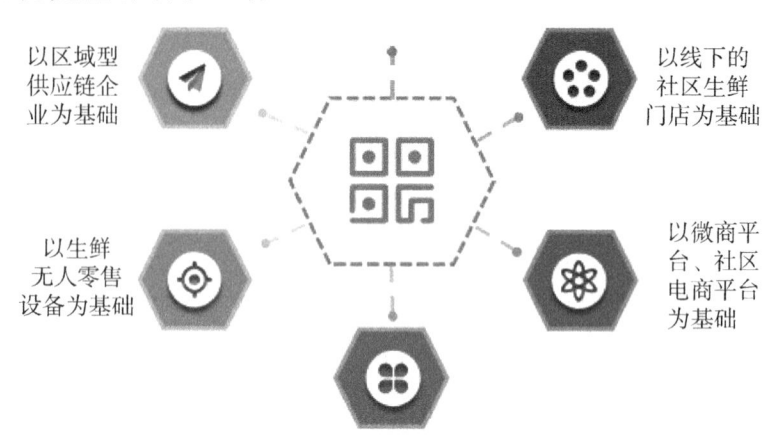

图1-8　社区团购平台依据创建基础分类（中商商业工程技术研究院整理）

（1）以线下的社区生鲜门店为基础

商业专家宋舒易认为，这类社区团购平台一般在锁定范围内有着点位密集的社区连锁生鲜品牌，例如生鲜传奇、钱大妈、谊品生鲜、天鲜配等。线下门店的存在让这类社区团购平台在服务能力和品牌认知度上都能形成一定的优势。但与此同时，受区域限制，这类社区团购平台跨区域扩张存在较大风险，且拓展速度有限，要形成全新的区域规模难度比较高。

（2）以微商平台、社区电商平台为基础

这类社区团购平台的核心竞争力在于对锁定区域内社群的管控力和运营力，如鹰眼智选、近邻等。

（3）以原生创业平台为基础

这类社区团购平台多诞生于2017年以前，在平台模式上，有着一定程度和数量的当地资源积累。

（4）以生鲜无人零售设备为基础

这类社区团购平台已经完成在社区铺设智能售货设备的环节，可以解决线下自提点的问题，同时也排除了社区团长环节中一些不可控的人为不稳定因素。但智能售货设备服务能力有限，设备成本、投放、运维成本也居高不下，都需要平台自身承担。所以，相对于社区团购的市场发展速度而言，这类社区团购平台的发展速度还是慢了很多，主要是因为投入较大。以彩虹星球平台为例，它在铺设智能售货设备的同时，也在进行合作自提店的建设。

（5）以区域型供应链企业为基础

这类社区团购平台的优势在于区域内商品、仓配物流，以及合作门店的管理能力，如考拉精选等。

2. 社区团购平台依据主导角色分类

（1）基地主导型

这类社区团购平台会在各个社区里建微信群销售自己的产品，然后自行开车将团品配送到社区。这是第一代的社区团购模式，主导者都是城市近郊的大棚种植户和家禽养殖户。

（2）供应链主导型

这类社区团购平台通过在社区招募合伙人开展运营，主导者一般是具有一定供货能力的当地小型生产企业。社区合伙人负责在社区的微信群进行销售，然后把订单统一汇总到生产企业，再由生产企业通过自己的供应链将团品配送到社区。这个销售模式的产品品类、价格、促销活动规则都是由生产企业决定的，它负责整个销售链条的管理。

（3）社区主导型

这类社区团购平台由社区微信群的群主经营，供应链企业依照群主的安排和指令供货。因为作为离用户较近的一方，社区群主对用户需求、竞争对手的动态都更为了解，所以这种模式的运营效率也会更高。在这种模式下，商品从基地到销地，到社区，再到社区居民手中，整个社群销售的管理重心逐步下沉，一般线下社区店开展社群销售会采用这一模式。

1.7.2 社区团购平台的竞争情况

1. 社区团购的上半场

兴盛优选节节败退、关闭九省（市、区）业务，京喜拼拼仅余河北廊坊和北京片区业务，包括美团优选在内的美团新业务半年亏损超 150 亿元。"老三团"成员同程生活、十荟团接连倒闭……

看了这段报道，我们会产生一种错觉，认为社区团购发展至今，已经呈现节节败退的态势。但事实并不是这样的。商业专家宋舒易认为，自 2021 年以来，政府出台反垄断政策，直指互联网平台，禁止低价倾销、大数据杀熟等行为，再加上受新冠疫情的影响，社区团购原本为了扩张而不停"烧钱"的模式已经风头不再，无以为继。这几年来，兴盛优选、十荟团、同程生活"老三团"成员的接连倒闭就是证明，而"老三团"的市场地位早已被多多买菜、美团优选、淘菜菜组成的"新三团"所替代。这说明，社区团购行业的游戏规则发生了变化，野蛮发展阶段结束，正式进入洗牌阶段。

国金证券披露的数据显示，截至 2022 年 4 月，多多买菜社区团购市场份额达 45%，成为行业老大，美团优选社区团购市场份额达 38%，位列市场第二。

从数据中我们可以看出，多多买菜的成绩非常优秀。从 GMV（商品交易总额）来看，早在 2021 年 3 月，多多买菜就已开始超过美团优选成为行业老大。从 2021 年 9 月开始，多多买菜的日均单量也已经开始超过美团优选，并逐渐拉大日均单量的差距，站稳社区团购平台老大的位置。事实上，多多买菜之所以能在社区团购赛道上领先，创造出用户规模行业第一的出色成绩，是因为它早已布局，夯实了基础。据统计，多多买菜 2021 年活跃用户为 8.7 亿人，占网民规模的 80%，GMV 为 2.44 万亿元，市场份额约占 10.5%。

此外，当公域流量红利逐渐消失时，拼多多已经在私域流量上谋篇布局。据了解，2020 年，拼多多推出基于微信生态的社群团购小程序——快团团，其月活跃用户规模突破 5000 万人。

与此同时，在业界同行都亏损的情况下，多多买菜已经在西北地区实现了盈亏平衡。中商研究院指出，其中的原因主要有以下 5 点。

① 多多买菜雇佣的员工基本都是本地员工，这样可以有效减少用工方面的成本。

② 多多买菜采用"竞价机制＋选品机制"的采购制度，这种采购制度成本很低，且灵活可控。此外，多多买菜 SKU（最小存货单位）一直都保持在 1000 种左右，常用的营销手段就是打造高性价比的爆品，集中需求，提升与供应商的议价话语权，从而顺利取得更低的采购价。

③ 多多买菜会立刻关闭低效团点，最大化提升团购效率，降低物流成本。此外，较少的 SKU 能够降低仓储环节的分拣配送难度，可以大大提升分拣效率。

④ 多多买菜采用淘汰制的管理模式，成绩优秀的省（市、区）负责人可以直接兼并其他省（市、区），用先进带动或代替后进，管理效率大大提高。

⑤ 多多买菜频频出招稳定团长的佣金。虽然因为"烧钱"模式的结束，社区团购回归理性发展，团长佣金率大幅下滑，团长已经不再是"零本万利"，团长只需要提供短暂时间的场地供应，佣金就能赚到手的时代已经过去。团长已经不是那么简单就可以赚到钱了，而且赚的钱越来越少，大不如前。中健团创始人韩友环认为，团长作为社区团购与用户连接的重要一环，如果大量流失，必然使社区团购平台的经营受到影响。因此，多多买菜平台通过"千人地推""高额补贴"等方式，推广快递代收业务，要成为加盟商需要先成为团长。这一举措意在增加团长数量，又能给团长增收，有效提升了团长的留存度。

随着社区团购业务和模式的不断完善和发展，新旧交替现象不断涌现。

据统计，2022年4月，有消息称"腾讯系"唯品会在湖南株洲招募社区团购团长。2022年10月中旬，社区团购平台"生活邦"A轮融资获投数千万元，完成本轮融资后，"生活邦"平台将加速与粤港澳大湾区本地实体店商家开展合作。2022年春天在全国各地陆续撤仓的橙心优选在2022年夏天又"起死回生"，在甘肃兰州恢复运营。

2. 社区团购的下半场

社区团购已经成为社区居民日常采购的重要渠道之一。客观来讲，这种消费行为是高频行为，因为其消费的都是日常生活的刚需用品。而且在社区团购的发展历程中，对消费者的教育和培育已经基本完成，消费者对社区团购的模式和优势已经非常了解了。因此，社区团购平台未来的发展机会还是非常大的。2022年中国社区团购市场规模将突破2000亿元，用户规模将增至8.76亿人。中商研究院预计，到2025年社区团购市场规模可达1.16万亿元。因为，社区团购专门做的是熟人和半熟人的生意，有社交链的因素，而北上广深这些一线城市的社区居民之间并没有多少社交活动，所以社区团购模式更适合二三线城市。

现如今，社区团购已经进入更加理性的发展阶段，正式进入下半场，比之前的野蛮发展更加规范和稳健。社区团购专家谢龙介认为，一些品牌方和产品供货方更是把社区团购作为一种常态化的销售渠道，开始在这个渠道布局，打通社区团购各个环节的门槛，以此更好地完成商品的销售。事实上，就社区团购模式而言，它解决了两个问题：一是可以最大化地降低损耗率，因为它采用的是预售制、隔日送的模式，生鲜商品可迅速到达消费者手中，基本没有什么损耗出现，能最大化地保持生鲜商品的新鲜度和品质；二是可以支持冷链物流，随着社区团购模式的不断拓展，它已经具备了支撑冷链物流的能力和条件。

第2章

社区团购的"团模式"与"团品牌"

所谓商业模式，就是商业运营的逻辑和规律，它是指为实现客户价值最大化，把企业运行的内外各要素整合起来，从而维持企业生存的方式。因为任何商业模式都是系统运作的产物，而系统分为可见和不可见部分，可见的是人、货和场，不可见的是人、货和场之间的联系，领导力和文化，这些系统都处在不断的变化过程中。

社区团购商业模式的本质是服务，是人和人之间的关系处理和价值变现。该模式的本质是企业经济价值和社会价值的转型和升级。通过整合各种社会资源，整合和重组服务居民和社区的配套资源，以获取产品收益和服务收益。

2.1 社区团购的竞争力

2.1.1 社区团购主要优势

社区团购解决了传统电商在物流、流量、商品及服务上的缺陷，拉近了互联网与线下市场的空间距离，摆脱了传统电商的空间束缚，重新构建了便捷快速的商业模式。

商业模式专家、上海商学院教授李育冬认为，社区团购的本质属于渠道创新、消费升级、品牌再出发。社区团购摒弃了传统电商中心化的流量分发模式，对整个流量池进行无限切割分配，借助我国庞大的微信用户规模红利，以及下沉市场对高性价比与社交结合的购买渠道的追求，实现了共享经济的电商展现，其主要优势如下（图2-1）。

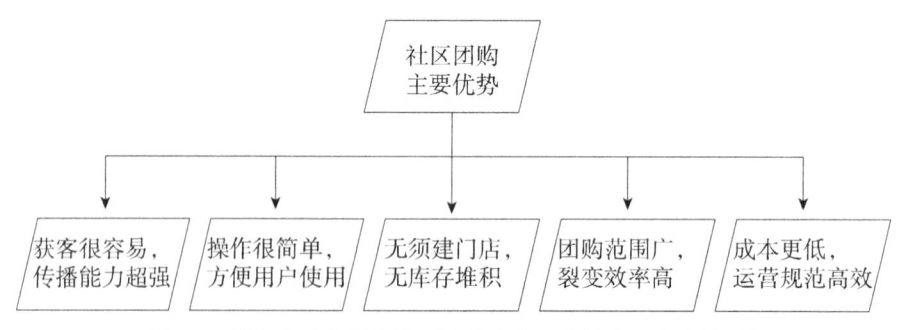

图2-1 社区团购主要优势（中商商业工程技术研究院整理）

1. 获客很容易，传播能力超强

社群专家袁海涛认为，社区团购在线上整合上游的货源，通过招募来的团长建立微信群，可以随时响应微信群里社区居民的需求，第一时间进行互动沟通，及时处理社区居民在购物方面的问题，与传统实体店和传统电商相比有着天壤之别，获客成本非常低。而且因为社区团购团长与微信群里的社区居民非常熟悉，所以社区居民获得好的体验后，会主动帮团长传播和分享商品，仅凭口碑就可以传播，传播成本几乎为零。

2. 操作很简单，方便用户使用

社区团购团长辛德根认为，社区团购一般通过小程序完成，而操作简单是小程序最主要的特点。消费者使用小程序的时候，只需打开手机即可，也不用专门下载和安装软件，不会占用消费者手机的空间，也不会给消费者带来任何负担。而且在消费者访问的时候，小程序运行速度很快，使消费者感觉舒适、灵敏，体验绝佳，能给消费者留下非常好的消费体验，也能让越来越多的消费者喜欢上这种购物方式。

3. 无须建门店，无库存堆积

社区团购团长不用建门店，直接在社区微信群里与社区居民互动，采用预售的方式在微信群内推广商品，然后再进行交易。社区居民看到自己喜欢和想要的商品，直接就可以通过小程序链接下单，商家拿到款项之后，统一发货，而且是在确定需求之后再备货，与传统备货销售的模式相比，大大降低了资金压力和库存风险。

4. 团购范围广，裂变效率高

专家韩友环说，社区团购因为有熟人之间的相互推荐，所以商品自带信任感和认可感。这种方式更加注重性价比、售后和购物体验，在营销方面具备天然的优势。与此同时，商品可以通过图文结合、视频、用户评价等形式进行全面展示，这些方式非常方便在社群之间传播与分享。相比传统实体店与传统电商，社区团购更加倾向于分享好物，群成员看到推荐和转发，对于商品质量就不会有太多的担心，因此商品裂变的速度是非常快的，复购率也很高。

5. 成本更低，运营规范高效

以往，企业若涉足电商都需要搭建相关的平台，要投入相当多的资金，还不包括一系列的运营，如产品推广、图文制作、平台维护、售后客服等工作，耗时耗力耗钱。即便是入驻成熟的大平台，企业也需要交纳一定的入驻费和保证金，而且这些大平台还会抽成，商家利润有限。但是，开发属于自己的社区团购小程序就能大大降低开发成本，同时有团长帮着运营，商家还能省去不少运营成本。所以，对于在意运营成本的企业或个人来说，社区团购无疑是一个非常好的选择。

2.1.2　社区团购管理创新

产业战略专家张小枫认为，社区团购的竞争力无可非议，其贵在创新，而其创新主要体现在以下几个方面。

1. 强大的供应链整合能力

社区团购运营者负责提供线上商品的相关信息，然后根据订单统一发货。线上商品一般选择的都是标准化商品，而非标准化商品一般放在线下市场，团长可直接销售。

2. 精准的社区团长覆盖

团长以社区为基本单元，发展和锁定区域内的人脉资源进行销售，对于市场的覆盖和占有具有不可估量的价值。团长还可以配合运营者组建本社区的微信群。据统计，每个团长均可覆盖100人以上的高黏度社群，负责用户购物的所有服务和社群的管理工作。他们只需在微信群分享商品信息和小程序链接，待成交后，就可从中获取一定的佣金。

3. 科学的销售模式

社区团购运营者会构建全面的用户画像，并据此整合商品，这样找到的用户持续消费能力强。这种模式实惠科学，很容易让消费者成为平台的忠实粉丝。与此同时，社区团购运营者还可以招募更多的便利店店主成为团长，整个门店的团购供应链和线上营销都由平台负责，团长只需要管理好门店的发货、提货、日常销售和人员管理等事务即可。

4. 便捷的自提点设置

社区团购的自提点主要有3种：团长处、菜鸟驿站、小区便利店。在未发展线下门店的初期，社区团购运营者可在团长所在地设立提货点，同时还可与线下菜鸟驿站、小区便利店合作，设置自提点。

5. 超强的消费需求满足能力

现如今，人们的生活节奏越来越快，生活品质不断提升，消费者对商品多样性的需求越来越高，不仅要求商品新鲜、价廉，而且要求收货便捷，可以在短时间内快速取到。对于这些消费需求，社区团购都可以迅速满足，不仅能提供性价比很高的商品，而且可以及时送货到家。

6. 便捷的商品销售方式

目前，社区团购平台大部分采用的是预售或者自提的方式，不仅可以有效降低商家的成本，而且也能降低产品在运输途中的耗损。消费者只需要打开线上链接就可以直接从社区团购平台上采购各种中意的商品，这种便捷的购物方式有效提高了消费者的黏性，颠覆了人们传统的购物方式，成为当下比较热门的一种购物方式。这也是社区团购平台能够火爆，并在短时间内快速席卷全国的原因之一。

7. 绝对的价格优势

社区团购由于参与居民的数量众多，同时直接对接原产地或者工厂而具有整体成本的优势。更为重要的是，社区团购由于更注重信用比，会在服务类产品方面比其他模式有更为重要的竞争优势，对企业的产业升级无疑会影响更大。

社区团购模式解决了物流"最后一公里"的问题。社区居民不用早早去菜市场，不用花大量时间去人挤人，也不用专门到超市排队采购，只要有一个社区团购的小程序，就可以不用出门，随时随地买到性价比极高的商品。而能够做到这一点，是因为社区团购都是同商品原产地直接合作，没有中间环节，价格比市场上的同类商品要低很多，拥有绝对的话语权，而且质量能够得到保证。所以，社区团购才能够快速打开市场，成为社区市场中一股新生的力量。

2.2 社区团购的分化与迭代

2.2.1 社区团购 1.0 版本

事实上，社区团购的快速发展只用了 3～4 年的时间。从 2016 年算起，湖南长沙一批自称"团长"的人，为了使社区居民得到更高性价比的商品，穿梭于长沙的各大生活小区和小区店铺，一方面拉小区的住户加入社区团购微信群，另一方面和店铺老板谈判，争取拿到最合适的商品团购价格，之后再在微信群里发起团购。社区团购就这样逐步进入大众视野，这就是社区团购的 1.0 版本。专家宋舒易研究后认为，社区团购 1.0 版本的发展主要可分为以下 4 个阶段。

1. 初始阶段

微商和移动支付是社区团购模式的基础，人们在这一阶段开始逐步接受微信支付、社区拼团和微商带货等全新的购物方式。此时拼多多的拼团、农特微商社群开始出现，成为社区团购诞生的社会基础。之后，社区团购在湖南长沙正式诞生。

2. 发展阶段

此阶段，社区团购模式初步形成，商品展示集中于 QQ 群、微信群之中，大多为手工记账，还没有统一平台用于展示商品，导致销售存在瓶颈，营业收入较难提升。

3. 提速阶段

随着微信生态的不断完善、小程序功能的提升，社群电商的发展速度加快，社区团购的品类也在不断扩充，由农特产品扩充到日常用品，职业团长和线下自提门店进入大众视野，社区团购得以平稳发展。此阶段诞生了比较大的区域性社区团购平台，如兴盛优选、美家优选等。

4. 盘整阶段

随着社区团购模式得到市场验证，加上新冠疫情的突发推动，从 2018 年开始，社区团购开始进入规模化扩张阶段，2020 年呈现爆发式增长。社区团购的商业模式逐步成熟，平台化运营落地，在二三线城市出现爆发式增长。社区团购进入扩品、扩区的规模化扩张阶段。此阶段，美团、每日优鲜、百果园等大公司开始关注并布局这一领域。

中商研究院总结评论：从社区团购的 4 个发展阶段可以看出，助力社区团购发展的因素离不开互联网技术、新零售业态和人们生活习惯的改变，再加上社区团购商品是社区居民的生活所需，刚需、高频是其显著的特点，所以才会在 2014 年、2015 年涌现出很多新生的社区团购平台，以及促进了兴盛优选平台的崛起，才会有了2020年互联网跨界巨头的入场，展开了群雄逐鹿的局面。这些都离不开社区团购本身所具有的4个基本因素。

第一个因素：微信群。社区团购之所以能够遍地开花，迅速推广覆盖，其中最重要的原因就是借力微信群，在此基础上再注入低价、次日达、自提点配送的优势，令其立刻呈燎原之势。此外，社区团购商品低价，但品质并不差，所以才展现出了极大的吸引力，再加上一些福利政策，得以更加顺利地推广。

第二个因素：熟人连接。社区团购之所以能够在很短的时间内得以推广，最关键的核心动力就是通过熟人关系链进行推广。我国是一个人情社会，大家居住在同一个社区或村庄，抬头不见低头见，多多少少都会产生一些连接，而这正是社区团购成长的"沃土"。这片"沃土"令社区团购消费天然具有更为牢靠的信任基础，在此基础上，社区团购也产生了稳定的经济效益。所以，熟人之间的社交流量是社区团购模式推广的关键所在。

第三个因素：物流便捷。现如今，几乎所有的社区团购平台在配送时都会提供送货上门服务。不管是哪种配送方式，都是为了最大限度地方便用户，让团长与用户之间产生亲密的关系，从而解决物流配送"最后一公里"的难题。

第四个因素：团长作用。社区团购中，团长是一个非常关键的因素。无论是什么类型的社区团购平台，都是通过团长来进行推广的，如每日优鲜、你我您、十荟团、食享会等。团长的影响力、说服力是社区团购与社区居民紧密连接的关键因素，直接决定社区团购推广的速度和质量。

由此可见，在以上4个基本因素的助推下，社区团购得以顺利发展，但在具体的实践运行中，还存在一些不足和问题，如缺少价值、极易陷入低价营销的泥沼等。这些不足和问题会导致社区团购无法可持续推进，社区团购只有升级进化为2.0版本，才能最大化地运用社交流量红利，越走越远。

2.2.2 社区团购 2.0 版本

十荟团退市、兴盛优选关站裁员、美团优选关停业务……

就在大家认为社区团购的火快要熄灭时，统计数据却显示社区团购远未退场。国金证券曾发布了一份公开报告：2022 年 3 月—4 月，社区团购工具快团团的日活跃用户（DAU）数增长了 442%，群接龙增长了 136%。经历爆火期、瓶颈期之后的社区团购在新冠疫情中再次被点燃，成为社会关注的焦点。社区团购正式进入 2.0 版本。

1. 新冠疫情引发流量热潮

在新冠疫情期间，社区团购成为人们获取基本物资的主要渠道。一份调查报告显示：在所有被调研人群中，居民通过团购获得生活物资的比例达到 47%。从 2022 年 3 月底开始，各类团购 App 的下载量普遍上升，叮咚买菜下载量更是一飞冲天，4 月后下载量逐渐降低，趋于稳定。

此外，Shanghai WOW 发布的数据显示：新冠疫情期间，在 2000 万人的上海，社区团购团长的规模就达到了 80 万人。而团长们组织团购使用的主要工具，如快团团、群接龙等，在 2022 年 3 月的日活跃用户数也发生数倍甚至数十倍的猛增。

新冠疫情期间，社区团购主要聚集在生活刚需品领域，除了满足日常的消费之外，各种"非必要"商品也纷纷推出团购服务以满足多元化的商品需求。调查结果发现，零食饮料成为抢手货，在一众团购商品中脱颖而出，热度仅次于蔬菜、水果。

2. 社区团购重新引发关注

社区团购经过一段时间的发展之后，已经趋于热度减退期，那为什么会重新引起广泛关注呢？专家谢龙介认为，其根本原因在于，社区团购是一种基于真实社区的零售模式，具有较强的价格优势，在与社区便利店、生鲜店和菜市场中的竞争中十分明显。中商研究院以三四线城市用户为目标对象进行了数据分析，《社区团购行业深度研究报告》显示：相较线下连锁商超，社区团购商品整体上便宜20%～25%，其中，生鲜类便宜25%～30%，其他生活日用品类便宜约20%。由此可见，社区团购本身就有着价格上的先天优势。

因为新冠疫情防控的要求，居家隔离政策限制了居民自行出门获取生活物资的渠道。此外，由于封控引发了交通管制，承担城市物资运送的货运行业受到严重冲击，货运总量明显下降。在这种情况下，居民在电商平台上抢菜十分困难，所以具有先天优势的社区团购成为获取物资的重要渠道。

社区团购的第一个优势是"集采集卖"模式可以缓解分散运输造成的运输压力，而且方便集中消杀，比较符合防疫政策和相关规定。此外，受新冠疫情影响，传统社区团购"预售+自提"的模式有所改变和调整，衍生出类似于"用户自发提需求主导预售环节+社区二次分拣及居民自提"这样的新型社区团购模式。

社区团购的第二个优势是运输速度具有明显优势。新冠疫情期间，社区团购模式跳过了多级批发商的周转，从原产地到团长再到消费者手中的路径更加简化，运输效率更高。甚至有些特殊情况下，团长会直接联系供应商进行采购，以满足社区居民希望更快拿到生活物资的需求。

正因为以上两个明显优势，社区团购一改之前的颓势，焕发出新的生机，在社区广泛提升了知名度。整个社区团购行业能否借此翻身，保持持续的冲劲呢？中商商业工程技术研究院认为，社区团购要想走得更远，需要规避自身不足和问题，才能消除它在人们心中的负面印象。

虽然社区团购被更多人熟知，但其负面消息从未中断，诸如哄抬物价、价格欺诈、食品安全违法等案件层出不穷。很多社区居民购买到质量不过关的日用商品时，即使意识到这是个问题，也懒得投诉，但对社区团购的印象会大打折扣。对消费者来说，商品质量问题是最大的困扰，食品安全问题难以溯源，所以社区团购因为质量不稳定而产生的负面印象成为影响其长足发展的绊脚石之一。

例如，2022年3月23日—5月15日，上海市各级市场监管部门累计查办市场监管领域案件高达1121件，其中价格类案件800件，占71.4%，食品安全类案件233件，占20.8%，这两类案件数占比超过总案件数的90%。

此外，从大环境来看，互联网巨头带来的激烈竞争及市场监管局的管控，还有来自传统零售企业、社区生鲜店、生鲜电商的竞争，都让社区团购发展更加规范成熟。虽然社区团购面临着各种不利因素，但仍然具有一定的优势和发展空间。

相关调查显示：73.8%的受访者将社区团购纳入自己的日常购物渠道；81.1%的团长热爱社区团购这份事业，愿意为社区团购的持续发展注入生机与活力。

因此，用长远的眼光来看社区团购，其市场发展还存在很大的空间，可谓前景广阔。但在渗透率上，社区团购提升难度超过行业预期，还需要依靠长期的精细化运营才能逐步实现市场规模的持续扩大。

中商研究院总结后评论：社区团购2.0版本是1.0版本的进化版，进化是优化、迭代，而不是颠覆、消除和推翻。这种进化主要表现在以下3个方面。

第一个方面：从价格到价值转变。从价格到价值转变是社区团购从1.0版本升级为2.0版本的基本路线，也就是说，在社区团购1.0版本时，人们对社区团购的主要印象是便宜、实惠，性价比高。但是从当前的社区团购发展来看，社区团购必须扭转人们的这种印象，从裸产品向复合产品转变，真正实现从价格向价值转变，这将是社区团购发展升级的一个重要方向。

当然，这种转变不是马上就可以实现的，毕竟价格对于社区团购的推广来说至关重要，在社区团购2.0版本中不应被忽略，还是要让消费者感受到便宜，只是要把消费者的"图便宜"变成"得便宜"。为此，社区团购运营者可以通过结构性营销、产品组合来满足消费者的这种心理，进而更好地实现流量拉动，形成价格、利润两不误的营销模式。

第二个方面：消费分层。所谓消费分层，就是围绕社区团购现有的社区微信群，对其用户进行分层，按照年龄、性别、收入、支付能力、偏好和价值观等方面的区别，进行二次分类，并打标签，然后再针对不同的用户推送不同的产品和营销活动。

为了做到这一点，团长就要有针对性地开展一些营销活动，除了借助小程序之外，还要借助其他一些营销类工具，有针对性地推送这些不同类型用户喜欢看的内容。推广的方式多种多样，比如，"小程序+公众号"的营销方式可以让产品与内容用不同的方式呈现在用户眼前，形成"价值+裸产品"的捆绑性输出，从而让用户更深入、更持久地了解产品，并能够为产品的"价值"心甘情愿地买单。

第三个方面：主战场下沉至三四线城市。中商商业工程技术研究院发布的《2018—2023年中国拼购电商市场前景及投资机会研究报告》显示：2017年中国拼购电商用户规模超过2亿人，增长率达到117.5%，2018年中国拼购电商用户规模已突破3亿人，2020年中国拼购电商用户规模突破5亿人。

社区团购之所以能够在湖南长沙兴起，而不是在北上广深这些一线城市，是有一定原因的。2017年"35个重点城市最新房价收入比榜单"数据显示，长沙新建商品住宅成交价8559元/平方米，人均可支配收入46948元，房价收入比6.67，位列榜单最后一位，而位列榜首的深圳，房价收入比高达39.64。据此不难看出，湖南长沙的居民时间比较充裕，生活压力较小，生活节奏也不是太快，这样他们才有钱，有更多的时间去购物，去关注如何提升生活品质，所以社区团购的主战场一定要下沉。社区团购市场下沉主要有以下 4 个关键因素。

关键因素一：社区团购与其他零售渠道相比，预售制和集中配送是其最大优势，不仅能将物流成本降到最低，而且也能大大提高货物流通效率，使得社区团购模式的整体投入都很小。因为对于社区团购平台来说，物流、城市仓和城市物流是最大的物流成本来源，其中城市仓又最为关键。对于一些城市来说，城市仓储用地需要投入比一般地区更高的成本。比如，一二线城市对用地有很多限制，且一线城市都比较大，为了实现服务覆盖，需要投入建设的仓储数量也不在少数。此外，因为配送都在白天，这个时候一二线城市的交通通行和准时配送压力都较大，配送效率也会因此受到影响。而且社区团购商品多为生鲜品，对仓储物流的要求较高，要想做到保质保鲜，就要投入冰鲜设备。由此可见，在一二线城市做社区团购，投入成本要远远高于三四线城市。

关键因素二：衡量一个城市是否适合发展社区团购模式，最关键的指标之一是订单密度。只有订单密度达到一定水平，社区团购的集中采购和集中配送成本才会更低。社区团购平台以生鲜品为主品类，生鲜品属于高频次消费品，能够满足普通家庭日常生活的基本消费，围绕食材、食品、一日三餐进行经营，在此基础上再扩充至日用品及其他商品和服务。所以，社区团购布局时倾向于选择大中型社区，以保证每个团长的服务能够涵盖 300 ~ 500 户为宜。

极光大数据发布的《2018 年 8 月小镇青年消费研究报告》提到：小镇青年做企业管理人员、教师、医生、律师的比例显著低于一二线城市的青年，而自由职业比例则高于一二线城市的青年。从职业类型来看，办公室人群在一二线城市青年中占了相当大的比例，这就造成一二线城市的家庭消费场景中，"一餐"甚至于"无餐"的情况相当普遍。这种情况会在一定程度上影响社区团购商品的日常销售，所以在一二线城市单靠生鲜品以外的其他商品，其消费频次根本无法保障。此外，一二线城市的消费渠道非常多，线下商超、社区店、连锁便利店及电商平台等都要来分一杯羹，所以对于在便捷度、时效性等方面的消费体验都不是最突出的社区团购来说，它会丢失很大一部分用户。

关键因素三：酷鹅俱乐部发布的《2018年三四线城市用户内容消费报告》显示：一二线城市用户上网的工具属性更强，而三四线城市用户上网的休闲娱乐属性更强。据此推断，在网络信息接收方面，一二线城市用户的目的性更强，因为他们的时间很宝贵；而三四线城市用户的随机性更突出，因为他们比较悠闲。这就导致无法做到针对性强和个性化推荐的社区团购平台很可能无法满足一二线城市消费者的需求。

关键因素四：一二线城市的房价也是影响社区团购发展的重要因素。一二线城市人均住房面积明显小于三四线城市，比如，2017年北京人均住房建筑面积为34.23平方米，而苏州为43.5平方米，门店租金同理。对比上面的数据，我们可以看到，在一二线城市这种寸土寸金的环境下将自有住房或门店分拨出一块区域来做社区团购的自提点，显然划不来，这也会影响社区团购的发展。

2.3 "团模式"的构建关键

"团模式"是以社区团购管理系统为中心，对企业商业模式的创新发展进行再造的一个方法体系。它包括企业社区团购的组织设计、物流体系的优化和设计，围绕社区的"前置仓"物流建设，社区团店服务中心的规划，社区团购管理师培训工程等。

2.3.1 社区团购交易全流程

随着互联网技术的普及和飞速发展，去中心化已经成为各行各业的发展潮流，而社区团购正是去中心化的一种商品交易流通模式，其核心就是无缝压缩交易环节，提高交易效率。社区团购之所以能够做到一点，关键在于把多个交易环节都压缩至一个交易环节，交易只在消费端产生，然后通过预售方式，以消费者的购买订单反向组织商品流通，主要体现在以下两个方面。

一方面，交易流通可溯源。以往的中心化流通模式是没有溯源的可能性的。但社区团购模式因为有消费端的数据，所以可以反向指导及支持商品的采购、标准化与流通，是可以实现溯源的。在社区团购模式下，消费者需要提前支付商品的货款，商品还没流通就已经变现了，所有交易流通都可以倒序进行追踪。

另一方面，压缩交易环节。社区团购没有传统交易中的批发市场批发、门店采购、门店现货交易这些交易场景，而是变成了供应商在社区团购平台直接与消费者产生联系，然后凭借信任进行交易。以往的其他交易环节变为履约功能，取消了交易功能。所以，整个流通模式由此压缩为一个交易环节，而不是以往的多交易环节。据此，社区团购的流通效率大大提升，资金投入会非常少。相比多交易环节，单交易环节没有那么大的风险，操作起来也简单轻松很多。

2.3.2 重构"人、货、场"基本购物场景

在传统电商行业，"人、货、场"是这样布局的："人"指消费者和经营者，消费者的价值体现在性价比和购物效率上，经营者的价值体现在低成本和销售效率上，它的核心是人效；"货"指品牌商品，品牌商品加上相应的仓储物流及服务体系，构成了供应链，它的核心是低成本和高效率，它的核

心是品效;"场"指线上和线下的场景,传统电商的场可分为线下和线上,其中线下指各种实体店,线上指直播、微信群等,它的核心是时效。

在社区团购中,"人、货、场"重新构建。一是消费者通过熟人、团长等买到自己需要的商品,不是被动消费,而是主动消费,与传统电商模式中的消费方式截然不同。二是经营者也就是社区团购平台本身,他们的获客方式凭借团长来实现,而不是自己直接寻找目标客户,这种去中心化的获客方式能极大地提升交易效率。三是社区团购商品是集中配送至提货点,然后再由团长进行配送。团长所在地即为提货点。社区团购平台进行集中配送相对于配送到个人消费者而言,大大降低了仓储配送的成本。四是社区团购把线下消费场景搬到了线上。一个小程序相当于一个实体店。商品图片、详情页就是商品展示。团购、秒杀、爆品的坑位相当于实体店门口的黄金位置。平台整体的运营流程相当于实体店的整个销售环节。因此,在社区团购模式下,消费者不用出家门就可以享受到与实体店相差不大的购物体验。

2.3.3　社区团购模式的流量引擎

当今是一个大流量时代,谁掌握了流量密码,谁就掌握了财富密码。而以社群为基本单元的社区团购,依托社交关系拓展客户,通过日常社交沉淀用户,获取流量的成本极低,但用户黏性却很高,复购率也很可观,其最重要的流量引擎就是取信消费者,从而打造出全新的团购模式。其主要做法主要有以下几点。

1. 全力打造团长个人 IP

一个成熟的社区团购平台,需要帮助团长打造个人 IP。因为团长需要具备多种功能,如发布活动信息和产品信息、向用户分享购物体验、送货售后等。在这个过程中,如果团长有好的个人 IP,就可以赢得更多消费者的信任，加深社区团购平台与消费者之间的联系，消费者自然会增加购物的频率，进而养成购物习惯。这样做有两个优势。一是可以有效提升转化率。消费者出于对团长和平台的信任，形成消费习惯后，会通过微信等社交工具将平台推荐给身边的好友。这种依靠社交关系和口碑推荐的商品，转化率会更高。二是可以有效降低获客成本。因为社区团购商品是通过小程序、微信群传播的，如果购物体验好，消费者会主动传播，且都是精准传播，这样会大大降低获客成本，重塑一种基于流量的卖货新方式，开辟一条不同于平台电商、线下超市、微信式电商的新赛道。

2. 分层用户提高活跃度

社区团购可对社区用户进行分类，区分不同用户的不同特点和不同需求。通常，社区团购的用户分为两种。一种是潜在用户。这类用户对社区团购无感，还没有产生信任。另一种是活跃用户。这类用户已经对社区团购养成购物习惯，复购率、对平台的关注度都很高，可以说是忠实粉丝。对不同类型的用户进行精准管理，采用有针对性的精细化操作，可以提高用户活跃度，从而快速引流、获客、转化，打造流量闭环。

2.3.4 社区团购模式面临的挑战

社区团购模式是去中心化的，需用消费端来反向驱动，这种流通具有一定的社会价值，但它当前还面临4个方面的挑战。

1. 消费者教育

当下，社区团购通过低价优势把社区商业的高毛利率生意变为低毛利率生意，从而找到了一个"流量洼地"，吸引了大批用户转为线上下单，而线上消费习惯是需要消费者教育的。社区团购模式中最不好操作的就是消费者教育，这项工作成本很高。社区团购将生鲜流通的交易环节从多端压缩为一端，最终形成"以销定采"的模式，而这个模式要想顺利推广，就需要得到消费者的认可。但目前，社区团购在消费者教育方面还做不到精细化，大部分社区团购平台采用的是低价烧钱补贴和套路流量的方法，先把流量吸引进来，然后再一点点培养大家的消费习惯。但与过去的互联网模式相比，社区团购的重点在线下，更偏重团长与平台的履约。如果团长没有精力和时间来做这项工作，那就找不出更好的替代者。教育和引导消费者并不是一项简单的工作，需要系统化地开展，且要求团长具备一定的专业知识，但目前很多团长还不具备这样的能力。所以，在消费者教育方面，社区团购如果想通过有效的教育创造增量，就要投入高成本，这是社区团购模式当前面临的挑战之一。

2. 履约提效

社区团购通过预售集单的方式有效压缩了流通交易环节，但还需要对原有链条进行强整合，形成一体化的、无缝对接的流通履约链路。当前，社区团购模式中已经出现了一种"新型中间商"的角色，他们负责整合产地资源，配合社区团购平台铺仓铺点，甚至还帮社区团购平台做仓储、分拣。也就是说，这些"新型中间商"去产地做标准化组货，然后与社区团购平台一起扩张。这些"新型中间商"做的就是"以销定采"的生意，不需要像过去那样投入太多的资金，而是拿着终端订单去上游组货，让社区团购在履约提效方面有了很大的提升。

3. 商品运营能力

社区团购不同于传统电商，其运营逻辑不再是基于商家及店铺规则，而是基于商品、供给。即便是拼多多，也是围绕商品来运营的。无论做什么营销活动，都是由商品决定的，而不是由商家决定的，所以做社区团购，需要有很强的品类规划能力和商品理解能力。也就是说，做社区团购，只要拥有优质的供给充足的商品，就会拥有源源不断的流量。所以，社区团购主要就是围绕商品在运营。

4. 配套设施

没有完善的冷链基础设施，是社区团购当下做生鲜业务的一大瓶颈，这导致很多社区团购平台的生鲜业务表现都不出色。生鲜商品虽然便宜，但是新鲜度等品质跟不上，消费者体验不好，就不会再购买，最终导致社区团购的口碑上不去，进而影响推广。对于生鲜品类来说，品质是关键，其次才是价格。如果品质不好，即便价格便宜，消费者也不会买单。虽然现在很多社区团购已经推出"预制菜产品＋冷链物流"的配送模式，但要想全面让这个模式推广开来，就要有社区便利配套设施的支持，就要加大冷链基础设施等的投入。

2.4 "团品牌"已经成为传统品牌发展创新的关键出路

所谓"团品牌"是指企业品牌建设以社区团购的主渠道为核心，对品牌定位、消费者心智、传播特色和品牌消费的最终用户研究作为主要方向，以社区团购管理系统作为品牌建设导向的品牌。

随着市场监管力度的不断加大，社区团购的发展越来越理性，消费者无节制购物的节奏已经放缓。社区团购平台要全力发挥区域优势，扬长避短，做好做精，不断完善生鲜产品冷链物流，确保产品新鲜度，降低腐损率，同时要丰富产品种类，提高产品品质，提供一站式服务，进而提高顾客满意度和忠诚度。当前，社区团购已经渗透到社区末端消费市场，未来将会与生鲜电商、前置仓等业态互补融合，重心将转向供应链建设，实现规模效应，进入理性发展的新阶段。所以，如何避免与其他各大平台搞"价格战"，如何结合自身优势提升产品服务，营造公平竞争的营商环境，实现共赢，是社区团购模式实现可持续健康发展的关键。

要想社区团购这条路行稳致远，就要积极探索线上线下深度融合和科技创新之路，加强社区团购体系建设，整合社区资源，打造社区良性商业生态系统，做好网点布局规划，确保生鲜产品质量，满足消费者个性化需求，从而使社区团购健康有序发展。

2.4.1 社区团购"团品牌"新动向

1. 动向一：重新布局

社区经济具有三大特性：以人为本、买方占据主动、关系交易。社区团购带动的以人为本的家庭消费观念已经形成，这是当今消费市场的一股全新的商业力量。用户订购、商家备货、送货上门的趋势性团购力量正在形成。社区团购经营者只有深刻认识社区经济的特殊性，并针对社区经济的三大特性重新布局，尽快调整战略战术，才能让社区团购在激烈的市场竞争中立于不败之地。

2. 动向二：回归预售本位

社区团购起初是一种不折不扣的"先单后货"的运营模式，这种预售模式相比传统推销模式具有明显的优势，即集约化预售、采购、配送、生产等成本都是可控的，运营效率得到明显提升。此外，社区团购基本没有库存，商品因停滞、库存和周转而产生的损耗自然很少，从销售到生产到消费，全程可追溯，品质有保证。所以，社区团购正在放弃低价促销的获客思维，并发挥自身优势，正本清源，还社区团购"预定集采"式预售模式的本来面目。

3. 动向三：供应链转型

社区团购加速供应链向采购链转型，是以用户驱动，以消费者为主导的。为此，要从以下 3 个方面入手开展工作：首先是流通体系的转型，供应链转型为采购链，按需采购，降低商品流通的成本；其次是围绕商品的各种创意创新服务的变革；最后是按需生产制造、直接交付，实现"制造业服务化和服务业制造化"的一体化改造。供应链转型必定是一个漫长的过程，充满各种挑战。

在这 3 种动向的带动下，社区团购会呈现两极分化的发展态势。一方面，社区团购巨头多多买菜、美团优选等拥有较大的流量和成本优势，且互联网思维较为突出，有很强的资本能力，正在继续做强做大，为整个行业革新赋能。另一方面，社区团购中小型平台正在全力发挥区域优势，扬长避短，做精做强，不断完善生鲜产品冷链物流，确保产品新鲜度，降低腐损率；丰富产品种类，提高产品品质和一站式服务水平，让客户满意。

综上所述，社区团购以新型的"人、货、场"作为裂变的商业模式，对流通产业发展起到了积极的促进作用。对整合各种存量的物流资源、社区门店资源和围绕社区服务的人力资源都产生了积极有效的提升作用。同时，以社区场景为中心的各种平台创新，科技创新和定制软件创新呈现快速发展的态势，对社区团购管理系统的良性发展起到了积极的力量。

2.4.2 "团品牌"如何做

吴洪钢博士的"六大方法"创新了社区团购的运作和经营。一是圈选社区用户，点亮社区团购价值，革新智能化内容推送，推动用户和内容的高效匹配。二是创新门店氛围情境，建设品牌化社区终端，拓宽门店职能，放大分销代理及品牌价值。三是健全品牌及分销素材，高效及时发送，创新数字营销策划活动，激发用户参与感。四是激活会员服务，持续招募优秀会员，健全高价值会员权益，区分会员等级，激活会员能量。五是点亮团长及导购价值，升级社区团队职能，强化门店经营权责，升级导购赋能，强化导购技能提升。六是连通线上线下，设置数据终端，统筹区域市场营销，点亮区域分销价值，赋权社区合伙人。

"加加食品是一家调味品上市公司，是酱油第一股。2021年，加加食品新零售部门还没有组建，公司给予社团电商的预算有限，而海天、李锦记已经是社团赛道调味品类的第一梯队。加加食品新零售负责人通过大量市场调研和详细研判，向公司申请成立了一个6人微型团队，根据公司的整体预算，剔除关键事项支出，把有限的资金全部聚焦在产品组合设计和促销活动上。该团队从湖南兴盛优选开始打板，4周时间内产品上线率、坑产量、品类SKU占比都迅速蹿升到第二名。由于湖南战绩优秀，兴盛优选在内部通告嘉奖，全国其他区域开始主动联系项目组，开设品牌专场和厂商周。美团优选和多多买菜随即跟进，提出全国总采合约模式，20个省（市、区）统促联动。不到一个季度，加加调味品在社区电商渠道份额逼近第一名海天，10个月内销售额迅速拉升到近亿元。"

这是一个中小企业利用社区团购平台对品牌实现再造的成功案例。随着社区团购的不断发展，社区团购平台成为很多中小企业打造新品牌的首选赛道，不仅能让企业创造蓝海梦想，还帮助企业缓解增长焦虑。这个过程被称为品牌再造。

《品牌观察》总编辑、品牌专家郑学勤认为，品牌再造具体有如下优势：一是不用提前花钱做传播搞招商，可以集中有限资源提升产品力；二是不需要大规模建团队，几个关键位置上有优秀的人就可以冷启动；三是不需要预留大规模资金来应对路途周转，因为社区团购平台账期最长才7天；

四是打通一个社区团购平台就可以吸引诸多社区团购平台，市场扩张成本低；五是社区团购平台没有"过路费"，企业运营流通成本低（无论是商超渠道还是平台电商渠道，都有名目繁多、代价不低的各种"过路费"）；六是社区团购平台拥有当今企业最短的用户认知路径。

营销专家吴洪钢博士认为，这个赛道之中产品的推广运营方式与传统渠道打造陈列、强化样板市场相比有很大的不同。社区团购渠道的基因和特点为中小企业提供了滚动式发展的条件，即有投入有产出、再投入再产出的发展路径。如果布局传统流通渠道，前期大量投入需等待着未来产出再补充，很多中小企业承担不了这种投入。所以，从这个维度来讲，社区团购渠道是很多中小企业打造品牌首选的战略布局赛道。

专家韩友环认为，社区团购渠道有自身特点和运营规律，中小企业的品牌再造必然要符合这种特点和规律，才能更好地打造自己的品牌。

一般情况下，社区团购品牌再造要经历3个阶段。第一个阶段是创造。这个阶段的主要任务是用户认知和产品价值培育，核心是提升产品力，要求产品的功能价值与用户群体及消费场景高度匹配，产品的规格、感官体验、外观设计、综合性价比等要符合目标人群的消费需求。第二个阶段是深耕。这个阶段的主要任务是市场深耕及渠道势能打造，核心是提升渠道力，要求品牌商基于平台打造爆款案例，建立样板市场，进而开始辐射周边区域平台。在逐步市场深耕阶段，要注意利润分配机制的设计、市场渠道的管控及品牌建设的长期投入。第三个阶段是渗透。这个阶段的主要任务是品牌势能及品牌IP打造，核心是提升品牌力、增强品牌势能，即品牌的跨区域、跨平台、跨渠道扩张的能力。品牌势能的建立，核心是品牌视觉统一化、品牌传播调性一致化，在用户群中形成口碑裂变效应。建设品牌IP，核心是用户粉丝化，并强化粉丝运营和盘活能力，形成用户自选习惯，提升品牌跨渠道渗透能力。

综上所述，社区团购能为新品牌提供崛起的机会。依靠社区团购平台崛起的新品牌，也就是"团品牌"。一些大品牌可以利用社区团购推广新产品，同样，一些小企业或者是新企业也可以依托社区团购推广新产品、新品牌、新品类，以优质取胜，抢占市场份额。那么，中小企业如何才能抓住社区团购提供的品牌再造机会呢？离不开以下3个要素：产品质量、销售策略和销售平台组织力。其中产品质量是前提，销售策略是基本要求，而销售平台组织力则是关键。

能够参与社区团购品牌再造的企业主要有3类。一是厂家团品牌。过去做批发市场，一个"省批"覆盖一个省，现在做团购要一个平台一个平台地对接，形成平台对接体系。二是运营商团品牌。社区团购的供应链体系中，小厂家比较多，这就给中间商提供了极大的机会，上游能够与厂家对接，下游能够与平台对接，这是运营商团品牌的机会。三是供应链团品牌。有些行业天然分散，如蔬菜水果等。同时，因为家庭承包带来的小户经营是基本形态，所以这些领域更有可能形成供应链品牌而不是生产者品牌。

不论是哪类品牌再造，都需要有与分散的社区团购平台对接的组织能力。否则，只能仍然像批发市场的生意一样，有一单没一单的，而无法形成持续的复购。传统深分体系，没有组织能力，就没有渠道驱动。同理，没有组织能力，就没有团品牌。

企业要想做好社区团购，业务团队就必须按照社区团购渠道运营的路径和特点去适应业务需求。社区团购赛道在发展中进化出资本团、地方团、社群电商、社区团批、新店商等多种业态。每种业态都有自身的渠道特征和人群特点，在品牌调性、产品规格、价格设置、利润分配、毛利要求等方面有非常大的差异。

1. 规划社区团购产品体系

社区团购赛道中，产品的最大特征是高性价比，但性价比高并不意味着产品价格低廉。如果企业用一套固定产品覆盖社区团购和超市批发渠道，产品价格和渠道客户就会发生冲突和矛盾，产生内耗。

2. 严控社区团购产品价盘体系

社区团购集零售、电商、社交于一体，电商的无边界特征体现得淋漓尽致。从 2021 年下半年开始，新一轮社区团购平台风起云涌，出于竞争的考虑，对供应商实施专卖要求的呼声越来越高，这使产品价盘管控日益重要和急迫。

3. 合理分解渠道环节利润

社区团购之所以发展迅速，被称为"第三代电商"，主要原因就是前端社交驱动。前端社交驱动的核心是信任和利益，信任是基础，利益是最终目的。没有合理的利润分配，社区团购运营不会长久；利润分配没有吸引力，利益各方就没有动力。

2.5 "团模式"结合"团品牌"促进行业洗牌

2020 年新冠疫情突发以来，社区团购迎来了新的红利窗口期。滴滴、美团、拼多多三家互联网平台企业亲自下场，大规模收拢团长，招聘地推，喊出几个月内扩百城千城的口号，融资和补贴一轮接一轮，行业竞争快速加剧。

与此同时，国家严格规范社区团购经营行为，尤其要求互联网平台企业严格遵守"九不得"，包括不得通过低价倾销、价格串通、哄抬价格、价格欺诈等方式滥用自主定价权。失去补贴的社区团购跟其他渠道相比没有任何优势，不少企业出现经营问题，行业洗牌加剧。不到两年时间，这个热门赛道就从多个玩家激战转为集体收缩退赛。在 2021 年年底，仅剩的两个全国范围选手美团买菜和多多买菜也选择收缩战场，仍在坚持的创业公司兴盛优选也在不断进行业务调整。

1. 同程生活申请破产（2021 年 7 月）

2021 年 7 月，同程生活官网发布公告表示：因为经营不善，公司申请破产。但是就在同程生活申请破产的前一天，同程创始人何鹏宇依旧竭尽全力，希望通过调整业务战略方向，转型为以小众 B 端产品为主的方式来扭转全局。但是"同程生活"还是改称新的品牌名"蜜橙生活"，算是彻底放弃了社区团购的核心业务。

2. 十荟团陆续关停（2021 年 10 月）

十荟团全国城市所有业务均已关停，公司进入善后阶段，主要处理供应商货款清算，以及员工工资结算赔付相关问题。2022 年 1 月 3 日，北京市朝阳区市场监督管理局对十荟团开出了一张 30 万元的罚单，理由是消费者下单付款成功后，十荟团迟迟未发货，并且也没有取消订单。没过几天，十荟团位于长沙的办公区，就传出已经人去楼空的消息。

3. 橙心优选全线关停（2022 年 3 月）

2021 年 9 月，有媒体报道称，橙心优选进行全国分批次关停，第一批会关掉现有 60% 城市的业务，直至关掉全国业务，决定把重点转向批发业务，孵化零售终端与批发商交易平台——橙批发。

4. 京喜拼拼再次关停多地业务（2022 年 6 月）

2022 年 6 月起，京东旗下社区团购平台京喜拼拼进一步收缩业务线，仅保留北京、郑州两地业务。目前，山东济南、河南安阳、湖北等地已解散了团长群。

5. 每日优鲜被曝亏损 38.49 亿元（2022 年 7 月）

2022 年，每日优鲜在纳斯达克提出退市合规警告期限的最后一天提交了公司 2021 年财报。财报显示，2021 年每日优鲜净亏损为 38.49 亿元，千人员工规模缩水至 55 人。

6. 兴盛优选关闭诸多站点，退至各省本部（2022 年 9 月）

兴盛优选关停了浙江、安徽、石家庄、太原等 5 个省市站点。兴盛优选方面对《华夏时报》记者表示，公司在 2021 年下半年其实就已经启动了业务方面的一些主动性调整，包括主动关闭低单门店、合并低效站点等。其给出的调整原因是，经济不景气、消费意愿降低等复杂多变的外部环境，多个玩家收缩、退出行业的发展状况，以及公司未来的发展战略——降本增效、健康发展。

兴盛优选在华北大区的站点所剩无几，仅余中原河南几城，东南区域是撤退的重灾区，江苏、浙江、安徽多地站点宣布关闭。此外，兴盛优选还把华北地区除去省会之外的地级市门店全部砍掉，退至各省的本部。

7. 美团优选变身"明日大超市"（2022 年 10 月）

美团是 2020 年进军社区团购的，通过疯狂烧钱，补贴商家和用户，扩大市场占有率，势力范围覆盖到全国近 2000 个县城，市场规模一度占据全国第一；2021 年，美团优选亏损超过 200 亿元；2022 年 4 月，美团优选做出了战略收缩，一次性撤离了包括甘肃、青海、宁夏、新疆在内的 4 个西北大区；2022 年 4 月底更是关停了北京的自提点。美团优选这些调整的原因只有一个，那就是巨额亏损。美团财报显示，2021 年美团净亏损 235.38 亿元，其中的大部分亏损都来自新业务，而超过 380 亿元亏损的新业务中，美团优选一家的亏损就超过 200 亿元。

通过上述盘点，我们可以看到社区团购平台的知名平台"老三团"（兴盛优选、十荟团、同程生活）与"新三团"（美团优选、多多买菜、橙心优选）都已经风光不再。因为，对于社区团购玩家们来说，靠资本疯狂投入，快速扩大规模，追求高增长的时代已经结束了，降速收缩成为大家共同的战略，这也从侧面说明了社区团购已经告别靠资本补贴、野蛮扩张、高速增长的阶段，进入降本增效的理性发展阶段。

专家尹传高博士认为，以人为主体，以服务为本质内涵，不以资本推动，是社区团购模式与以线上流量为本质的其他商业模式的本质区别。

第3章

社区团购应该怎么做

知行合一是管理的核心。德里克认为，管理的本质就是一种实践。任何真知都来自实践，社区团购也是如此。中国商业的发展，经历了传统的流通，依靠经销商发展网络和渠道，依靠电子商务形成和消费者新的联系。随着网络技术的发展，线上线下的融合一度成为中国商业的主流。社区团购结合了传统经销商资源，依靠社区服务构建的人脉流量，对社群思维进行再创新，推动了中国商业实践的再出发、再整合、再发展。

3.1 团长招募与管理

3.1.1 团长招募

如果您有一份热心肠,乐于服务邻里;如果您有足够的责任心、耐心以及沟通能力;如果您目前宅居家中想做些更有意义的事情:我们诚邀您加入我们的团长队伍,协助我们为小区业主下单团购,保障物资安全送达,一起成为社区餐桌"守护人"。但您要具备以下物资接收能力。

① 负责社区团购物资清点,拥有场所暂存物资能力、物资卸货及配送分发能力。

② 拥有足够人手及时卸货,负责物资的配送或分发订单核实及问题处理。

③ 每天需对物资订单进行汇总,确保不遗漏订单,并及时解答用户下单问题且协助平台处理售后问题。

④ 拥有小区业主群,分享购买物资链接,能号召业主购买,每日物资订单能够达到起送量。

⑤ 有足够的责任心、耐心及沟通能力,能协助本小区业主下单。

如果这些条件和能力您都具备,就快快加入我们吧,有丰厚的佣金等着您哦。

这是某社区团购平台招募团长的招聘信息,要求很多,门槛不低。

因为在社区团购中,团长是该模式的关键人物,只有招募到优质的、忠心的团长,才能更好地实现社区团购运营。但对于一些知名度不高、商品优势不明显的社区团购平台来说，团长招募还是一大难题，所以招募团长需要一定的技巧和渠道。

1. 招募技巧

（1）明确运营目标

招募团长之前，社区团购平台需要先明确自己的运营目标是什么，只有这样才能知道自己需要什么样的团长，团长需要具备什么样的条件、优势和能力。

（2）明确团长岗位职责

列出团长的主要岗位职责有利于面试者知道自己能不能做，适合不适合做团长。

社区团购团长的岗位职责有以下几项。一是安排储货空间。社区团购团长得接收供应商发来的商品，这就需要有足够大的储货空间来存货。二是通知消费者取货。团长接收到商品后要及时通知消费者取货，从而降低某些商品损坏的风险。三是做好社区运营。团长在做好收货和通知取货等基本任务后，还需要做好社区运营，在维护原有消费群体的情况下，寻找潜在客户，这就需要团长有良好的人际关系和运营技巧。四是做好商品售后工作。社区团购的过程中，难免会出现商品破损、消费者申请退货等情况，那么团长就需要处理好售后，做好消费者和供应商之间的沟通桥梁。

（3）确定团长画像

确定团长画像可以清楚哪些人更有优势成为团长。当前，团长的主要人选有以下3类。

第一种类型是社区店铺老板。他们有不错的人脉，对小区也较为了解。

第二种类型是社区业主。他们有良好的人脉，与小区居民都是邻居，尤其是宝妈，更是有着相当不错的邻里关系，对小区环境也很熟悉。因为同是同一小区业主，且有着相似的消费观，对于其他业主的商品需求都很了解，所以该类人很适合做团长。

第三种类型是快递站站长。每一个小区基本上都有快递点，而且快递点天然可以和团购结合，用户群体也是重叠的。

这3种类型中，社区业主（主要是宝妈）和社区店铺老板这两类人选更适合做团长。

2. 招募渠道

团长的招募渠道主要有线上和线下两类。

线上招募时可以借助多个平台发布信息。抖音、微信、58同城等公众平台都是不错的选择。通过这个渠道招募的团长会比较精准，但是人员素质多样化，可能出现参差不齐的情况。

线下也有很多招募渠道，如社区地推模式、摆摊设点招募、举办活动招募、借助线下门店发布信息等。一是跑实体店。实体店主要指社区周边的便利店、快递店、送水店等，这些实体店的店主很有可能成为社区团购的团长。因为他们能够在不增加资金投入的前提下实现拓宽产品线、增加客流量的目标，这是他们非常期待的。二是收编零散的团购群群主。社区里有很多零散的社区团购群，因为种种原因而闲置了下来，如果社区团购运营者能够收编群主，直接嫁接到社区团购平台，那就是非常精准的流量导入。三是团长推荐。由现有团长推荐的团长在通过平台的考核后，平台可以给推荐团长一些酬劳，进而提高团长的推荐积极性。四是地推。地推是一种非常传统的招募方法，即针对性地在社区周边安排专人摆放招募资料、安排专人负责现场咨询等。

3.1.2　团长管理和培训

招募到团长之后，还需要对团长进行与理念指导、运营社群经验等相关的管理和培训，这种系统规范的培养能够让团长快速成长起来，为平台发展助力，还可以让团长找到归属感，而不是认为自己是一个人在奋战，从而增强凝聚力与归属感。团长管理和培训的具体步骤如下。

步骤一：平台背书。平台应与团长签订相应协议，并提供相应的授权证书，用于团长展示：××为我公司旗下平台××项目合伙人，负责××小区的业务销售。这样一来，社区团购平台就及时给予团长一种签约仪式感，让团长明白自己和平台是利益共同体，团长越认可公司，忠诚度越高。

步骤二：培养团队意识。许多社区团购平台一直强调团长在社区团购模式下的作用，导致团长在这种模式下需要做的工作太多，面临着巨大的压力，凡事都要亲力亲为，这是导致团长脱离团队的原因之一。因此，社区团购平台应加强团长的经营理念，并且培养团长的团队意识，缓解团长的压力，降低团长流失的可能性。

步骤三：打造团长个人IP。团长的形象在一定程度上就代表着社区团购平台的形象，是社区团购平台对外展示的窗口，而良好的团长个人IP的打造不仅能提升团长个人的商业价值与知名度，还会在无形中为社区团购平台做广泛宣传。所以，社区团购平台可以帮助团长打造个人IP。一是引导团长进行形象把控，如更换相应的头像、选择合适规范的昵称、做标准的自我介绍等。二是引导团长在运营社群中要树立利他精神，进而更好地与社区居民产生情感和信任连接。三是引导团长持续输出积极的、正能量的信息，在这个过程中，可以同步传达社区团购平台的理念与价值观，并让社区居民能够真正感受到这种理念与价值观。

3.1.3 团长服务体系建设

社区团购平台只有给团长提供足够好的服务体系，才能更好地留住团长。专家韩友环把这样的服务体系概括为以下两方面内容。

（1）给予团长更多的盈利空间

其实很多社区团购平台之所以留不住团长，大部分都是因为团长得到的收益较低，导致团长无法继续留下来工作。这种低收益主要体现在佣金低、不允许团长自营商品等方面。因此，社区团购平台可以通过提高团长的盈利空间来留住更多的优质团长。

激励团长的任务机制有以下几种。一是根据总交易量。总交易量可以反映领导者的带货能力。社区团购平台希望留下最好的领导者，并鼓励表现不佳的人进步。按总交易量排名是一个不错的选择。二是根据邀请的新客户数量。当社区团购平台需要拓展新用户时，可设置团长招募新用户发放奖励的政策，给予团长发挥优秀人际关系的空间，让团长为社区团购平台带来源源不断的新用户。当一个团长的用户都在社区团购平台上时，团长对社区团购平台的依赖度会更高，这有助于团长在社区团购平台上长期停留。三是根据新用户的转化量。新用户接触社区团购时，难免会有所顾虑，因为他们不了解社区团购平台的商品质量和服务，心里没底。这时候，可以为团长设置一个激励新用户转化的任务（新用户的首单），鼓励团长主动推荐新用户下单，让新用户及时体验社区团购平台的产品和服务，进而更好地实现转化，让其成为平台的忠实用户。四是根据每天的订单量。这个任务奖励主要是为了冲订单量，可以激励团长在短时间内频繁对社区团购平台产品进行奖励，形成短期的销售高峰。这也是一种破冰销售的形式，可以提高社区团购平台的曝光度，触达更多的用户，无形中提高社区团购平台的知名度。

（2）提供高效的团长运营技术支持

团长不仅需要负责线下门店的派单发货，同时还要进行线上社区团购平台的推广，工作内容比较广，也比较杂。但是，高效的团长运营技术可为团长减负，同时还能提高团长的运营效率。

团长运营技术支持主要有以下几种。

① 运营管理：商品、会员、订单、团长、供应商、售后及佣金等平台运营过程涉及的所有模块的管理与配置信息一目了然，各个环节尽在掌控之中。

② 订单汇总：可以以小区为单位，每天自动汇总订单；可从社区团购平台上下载汇总文档，并按照文档进行配货，以销定采，精确控制资金库存。

③ 信息统计：可以从时间段、团长、产品、代理商等多个维度查看商品的销售额与销售量，数据全面清晰，从而让社区团购平台的运营管理更智能化、精细化。

④ 权限管理：可以为财务人员、采购人员、商品管理人员等设置不同的权限，他们登录系统后台时，相应地就只能进行财务、采购、商品板块的操作，各司其职，实现效率最大化。

3.1.4　团长的有效管控

社区团购平台的快速发展离不开团长的参与，但随着形势的不断发展，团长群体也有了一些让社区团购平台无法掌控的情况。此时，社区团购平台就需要对团长进行有效管控，具体方法如下。

方法一：掌握社群的第一管理权。虽然团长负责每一个社群的运营，但是社区团购平台也不能完全放任不管，因为一旦团长被撬走，他们很有可能就带着整个社群的客源"转移"了。因此社区团购用户的忠诚度并没有那么高，大多数人都是谁价格低买谁家的。

所以社区团购平台在招募团长这一环节时，就需要和团长签订协议，明确表示社区团购平台对社群也有管理权，团长可以换人，但是微信群的权属是不会改变的，这样就可以减少因为团长流失而产生的经济损失。

方法二：团长合作长期化。比起"去团长化"，其实对团长职业化的运作对社区团购平台来说相对更有利，一方面可以稳定团长，另一方面可以稳定流量。

目前社区团购平台与团长的合作包括两种模式，分别是雇佣模式和合作模式。

雇佣模式是指社区团购平台直接聘用团长，并对其进行整体的强化管理，薪资采取底薪＋销售提成模式。

合作模式是指招募小区宝妈或便利店店主做团长，不付底薪，但是提成比例相对较高。

合作模式下，团长黏性比较差，他们很有可能被其他平台的更高利润所吸引，因此还不如将团长长期化。其实团长长期化这一模式已经有一定的趋势了，具体表现为便利店店主作为团长在整个行业的比例持续上升，而一些优秀的、业务能力较强的团长，也纷纷开始自寻仓库或选择开店经营，这是订单量持续上涨及社区团购平台鼓励推动的结果。

方法三：团长平等化。虽然每个社区团购平台都需要有几个"标杆团长"来带动业绩，这是行业里所谓的"二八效应"，即20%的团长贡献80%的销售额，但很多团长也会因为没有提成和收入而丧失信心，所以社区团购平台一定要做好平等培养每一位团长的工作。对于社区团购平台剩下的80%的团长，社区团购平台最好进行统一的培训和管理，最后再做筛选，避免对少数团长过分依赖。

3.1.5　团长未来的发展思考

撑起社区团购千亿元市场规模的关键要素之一，正是数百万社区团购团长。在零售变革浪潮席卷之下，团长不再只是团购用户的服务者，更成了主流商业的新基础设施。国内权威部门统计显示：2022年前三季度社会消费品零售总额为32万亿元，网络零售总额为9.59万亿元，占比近30%；

而实物商品网上零售额为8.24万亿元，占社会消费品零售总额的25.7%，较去年同期增长2.1%。

资深团长谢龙介认为，零售线上化的本质是效率的不断提升和流通冗余环节的减少，用户体验不断优化，用户持续向线上转移。此外，在新冠疫情期间，常态化管控等因素造成的快递物流受阻使社区团购等本地新零售业态持续增长，成为用户在特殊时期购物的主要渠道，而团长正是社区团购服务用户的关键。

以郑州市为例，相关统计显示：郑州2023年主城区的6398个社区中，每个社区有3～4个有效团长，主要是资本团团长、综合地方团团长和独立团长，以及因新冠疫情而再度涌现的新团长，郑州的有效团长规模扩大到了3万～4万个。

社区团购自诞生至今，已经深深融入社区用户的生活，同时经历一轮轮大浪淘沙，基本每个社区都能沉淀下数个活跃团长，而全国也已经培养出至少200万活跃团长，他们正是社区团购最坚实的基础设施。

中商研究院认为：小团队、自组织的去中心化团购会成为未来社区团购的迭代方向。

相关调研数据显示，郑州、武汉等省会级城市，已经出现200家左右的团购创业群体，他们主要以团批、团店等形式存在。

这说明，数亿量级的社区团购用户，成熟的仓配物流体系，快团团、磁力圈等工具，活跃的团长自组织，共同构成了去中心化团购生长的沃土。站在社区团购行业的视角来看，社区团购起于团长经营私域流量，即早期的地方团，也将归于团长经营私域流量，即去中心化团长组织。

根据网经社电子商务研究中心发布的数据，2021年，中国社区团购交易规模达1206.1亿元，同比增长60.4%。另有数据显示，2021年，国内社区团购人均年消费额为206元，同比增长29.09%。因此，社区团购热度犹存，市场潜力仍然非常大。

由此可以预见，社区团购有很大的发展机会，其发展方向将会呈现以下特点。

1. 开启渠道模式

社区团购的快消品预售模式，在未来的发展中会开启一个全新的渠道模式。因为很大一部分区域流行的还是传统的销售模式，不管形式如何变化，本质还是商品的层层批发与转运，订单与物流是不可分割的，始终捆绑在一起；而社区团购模式则完美地将订单和物流分为两个部分，从根本上消除了库存积压和资金占用的风险，颠覆了传统渠道的成本结构。这种模式，未来还会继续深刻反向影响产业链上游。

2. 两极化明显

未来，社区团购平台会重点培养团长各方面的能力。因为，一个优秀的团长必然是各个社区团购平台争抢的对象，他身后的社区资源、客户资源，以及他本身的服务能力和个人素养都会让社区团购的开展起到事半功倍的效果。而那些能力平平的团长，因为个人能力不突出，所以没有办法拓展客户，无法完成有效推广的任务，只能依赖社区团购平台的影响力，他们自身不会像优秀团长那样看重自己精心树立的形象及口碑。

3. 职业团长或许会成为未来社区团购平台推广的主力军

众所周知，团长是社区将线上线下相结合的、有温度的、有影响力的资源，是一种非常优质的流量。说一个职业团长会影响一百个家庭一点也不为过。这就意味着，社区团购平台上的产品有机会伴随着职业团长服务力和影响力的增强而顺利走进社区居民的家中。毫无疑问，职业团长将是社区团购平台的产品和品牌最有想象力和吸引力的推广主力。

3.2 社区新社群搭建步骤

社区团购的新社群，体现在人货场的系统场景中，体现在线上知识介绍，产品笔记和沟通及时方面，而社区团购新社群的新主要表现在线下流量服务，强化信用比，强调有温度的服务等方面。

新社群是指有某些共同点的人围绕在一个固定场所，聚集在一起的线上线下融合的群体。在去中心化的时代环境影响下，不一定有影响力的人才能建群，只要有共同的兴趣和目标，就能建立新社群。互联网为社群经济创造了平台，人们在社群中实现了很好的连接。对于社区团购来说，新运营社群是保障品牌和商家持续收益的重要渠道，因为在信息泛滥的时代，客户有限的精力被各类信息吸引和分散，渠道与流量越来越分散，所以搭建社区新社群意义重大。

3.2.1 搭建新社群框架

图 3-1 所示是中商研究院社区团购课题组对社区团购新社群架构的总结。社区团购新社群本质是基于实体店面的创新服务，探索新型人、货、场的深度连接。

1. 新社群的关键因素

有的社区团购平台利用社群获得了相当可观的利润，也有的社区团购平台搭建的社群没过多久就变成了死群，浪费了时间和精力。但社群是一个很容易与客户发生连接和产生信任的地方，社群成交比朋友圈成交更容易，相比朋友圈一对一的成交，社群是有放大效应的批发式成交。那些没有做好社群的社区团购平台，大多是对社群的认知不够。商业专家宋向清认为，新社群的运营关键要做好以下几个方面的工作。

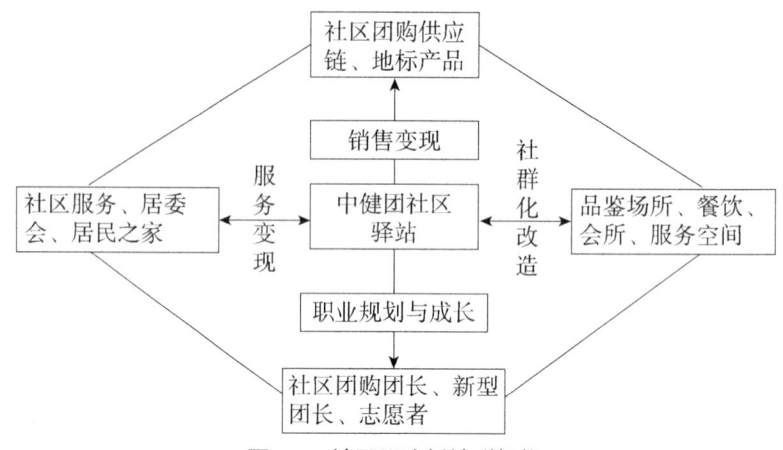

图 3-1 社区团购新社群架构

（1）参与感

参与感指的是采取措施，满足每个人在社群里的需求。针对这些需求，社群采用什么形式输出满足，需要策划和设计。

（2）客户思维

客户思维是站在客户的立场、时间、空间去考虑在满足社群成员的过程中如何融入客户场景，从而让社群成员能够得到更好的购物体验。可以构建用户画像，主动收集归类社群成员在平时购物时留下的种种数据生成一个又一个标签。比如，判断社群成员的性别是男是女；判断社群成员一个月收入有多少；判断社群成员有没有恋爱结婚，平时喜欢关注什么内容，是不是有购物倾向，有什么喜好等。

（3）节奏感

节奏感是配合社群成员的作息时间，了解其什么时间可以参与互动，互动量是多少、互动深度如何等，从而确定分享转化的节奏。

例如，某社区团购平台想在激烈的市场竞争中站稳脚跟，锁定自己的目标客户群体，为此，该平台确定了社群的3个关键因素，并提前做好了消费人群的营销策划。之后，该平台根据关键因素,对自己的客户打了标签，共分为七大类型，分别为都市白领、中产阶级、年轻妈妈、小镇青年、"95后"群体、银发一族、普通上班族。

通过以上分析，知名营销专家吴红钢认为，可为社区团购平台提出针对性的营销方案，采取一系列的优化和调整措施，如产品定价策略、产品营销内容、品牌渠道创新等，精准锁定自己的目标消费群体，不断升级消费体验，更加高效触达和转化消费者。

由此可见，社区团购平台的产品结构、生产和销售环节中强调和关注社群的3个关键因素，归结起来可以实现以下几个方面的效果。

一是精准营销。在传统的营销模式中，销售人员找客户的方式是在街上发传单、发名片，但实际效果并不好。相关数据表明：全球每年有120亿张名片被交换，但88%的被遗失，转化为商业价值的名片还不到1%，而能够触发商机的名片平均每年只有0.7张。而利用社群的3个关键因素可以有效提升营销的精准度。

二是专注服务。确定社群关键因素，可以很好地指导社区团购平台产品结构的优化，然后再提供非常专注的服务，最终赢得好的口碑和市场份额，获得高黏性用户。

三是个性化服务。个性化服务是定制经济的产物，运营社群的个性化服务可以按照不同社群的IP定位，设计的产品可以按照季节和年龄属性进行有策略性的规划，也可以按照性价比熟悉提供刚需系列，也可以按照信用比提供可以自我选择的服务。

2. 确定社群类型

搭建社区社群之前，团长要先明确和清楚自己想做哪种类型的社群，这一点很关键。知名社区专家袁海涛认为，社区团购的团长可以根据自己的需求和目的，将社群分为以下几种类型：一是福利群，二是引流群，三是快闪群。

（1）福利群

福利群以成交、复购为主要目的，团长可以根据社群成员的标签属性、习惯爱好、消费层次等，挖掘社群中可以被转化的用户。这类社群通常利用优惠券、低价产品等噱头吸引社群成员。这类运营社群较为简单粗暴，绝大多数操作都是往群里发福利，但要把握好度，需要换着花样送福利，不时制造新鲜感。除此之外，团长还要关注社群的活跃度，如果社群不活跃了，就要把能够活跃社群的成员导入进来，不断提升运营效果。

（2）引流群

引流群是为了增加用户，以及把潜在用户转变为平台的忠实用户而建的群。这类社群需要设置好引流活动，以便能够快速与用户建立连接。团长可以在群里开展福利活动，如签到、秒杀、拼团、抽奖等；发送每日话题，如新闻早报、经典语录等；发送趣味玩法，如视频号分享、推荐送礼等。

（3）快闪群

快闪群会通过一些小活动短时间聚集消费意愿高的用户，进而完成转化动作。这类社群因为生命周期短，所以节奏要快一点，需要在短时间内持续活跃和渲染社群氛围，利用"关门效应"，刺激社群成员缩短购买决策时间，快速下单。

3. 社群组织架构

社群是社区团购的最基本组织形式，做好一个社群和做好一个公司是一样的，都离不开组织架构，特别是当社群规模越来越大的时候。为了保证社群正常运行、产出价值，需要搭建社群组织架构。社区组织架构可以分为以下几个角色。

（1）总负责

总负责是负责社区社群的整体运营，随时关注和掌握社群整体数据，包括社群的活跃度、增长率、转化率等。

（2）运营社群

负责运营社群的一般是社区团长，主要负责3个方面的工作。一是内容运营，包括群里内容的生产和发布、群内话题引导、成交裂变文案写作等。二是用户运营，包括用户的拉新、引流和筛选，如邀请新人或者踢出违规的人、销售转化及引导、用户答疑等。三是活动运营，包括活动流程的制定、活动介绍和预热、活动问题的解答等。

3.2.2 规范群内容

群规对社群成员来说非常重要，因为群规有一定的约束性。制定群规是为了给社群成员创造一个文明购物的氛围。良好的群规能够促进群发展，让群成员觉得这个群文明祥和，从而更愿意留下来，进而推荐自己的亲朋好友加入进来。通常社群规则包括4个方面：拉人规则、入群规则、言行规则、惩罚规则。

1. 拉人规则

拉人前要进行明确用户定位，不能什么人都拉，这就是我们常说的"设门槛"，避免占用群资源及后期花费精力对其进行筛除。

常用的拉人规则有以下3种（图3-2）。

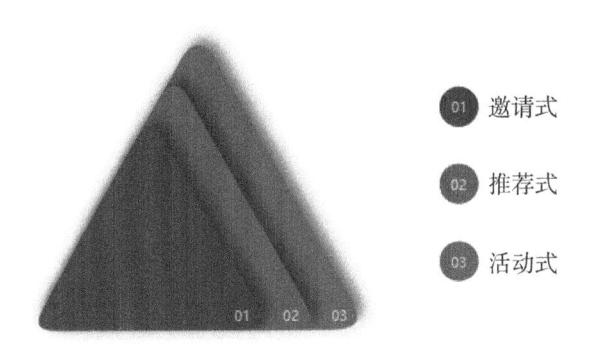

图3-2 社群拉人规则（中商商业工程技术研究院整理）

① 邀请式：管理员及以上级别邀请才能入群。

② 推荐式：群内成员推荐方可加入。

③ 活动式：参加某种活动才能入群。

2. 入群规则

入群规则包括群欢迎语、群格式、群公告等。

① 群欢迎语：一个好的群欢迎语可以给社群加分不少，让新人感受到社群的热情与亲切，充分体现人性化，且更容易打动人心。

② 群格式：大部分社群都有这种规则，一是让新入群的人能直观感受到他是群内的一分子，建立归属感，二是方便社群成员间的资源对接，三是方便用户管理和打标签。

③ 群公告：用于发布通知、规章制度等，可以让群内所有成员看到，并让其第一时间了解群内的最新活动和规章制度。

3. 言行规则

设置言行规则的目的是更好地规范社群成员的言行，防止发生一些不利于社群发展的事情。可以围绕这几点来建立言行规则：群内严禁打广告；严禁语言暴力，扰乱秩序；严禁连续或大量刷屏行为；严禁频繁讨论与品牌无关的话题。

4. 惩罚规则

对于违反群规的群员，可根据其情况严重程度来决定惩罚的轻重，性质严重者应当毫不留情直接踢出群。群主及管理员一定要及时、公正做出相应惩罚，要做好带头作用，以身作则，群员才会严格遵守规则。

3.2.3 快速开发群成员

社群创建初期，群主邀请新人入群时，就要将其作为种子用户来培养。

经过充分交流沟通后，让入群成员明白这个社群是做什么的，从而为后续的推广和转化打好基础。成员入群之后，群主要再次明确告知群用途，并通知群成员在这个社群内部会有商品购买优惠、进口产品打折等具有吸引力的福利，这样才能有效留住种子用户。那么，对于快速开发群成员，专家秦小鱼总结了以下两个渠道的群成员开发方式。

1.线下群成员开发方式

（1）广告推广

与小区物业打好关系，加入业主群，让业主知晓你的社区团购平台；便利店店主可以将日常接触的顾客添加为好友并拉入群，让顾客也成为社群一员。

（2）地推

安排工作人员或小区团长在小区主要出入口或进出小区的路边设置试吃展台，开展实用物品促销活动，居民扫码进群即能参加活动，享受活动价。试吃商品可以选择零食、水果等。

（3）上门拜访

上门拜访是在社区居委会的支持下，在线上取得居民同意的前提下进行的。正是社区团购的服务流量的价值实现了，居民同意上门拜访是很重要的一步。

2.线上群成员裂变方式

（1）奖品激励裂变

设置拉多少人就奖励相应奖品的制度，如洗衣液、牙膏牙刷、洗洁精等，建议奖品到自提点领取，这样能够有效带动其他居民入群。

（2）红包激励裂变

在群里宣告本群满多少人发一定金额红包。红包金额控制在人均一元左右即可。

（3）串群宣传裂变

首先，团长利用已有的微信群或 QQ 群，找到群主或者意见领袖进行推广，由熟人引荐相对更容易在陌生客户群体中提高信任度。然后，团长在各种小区群中串群，利用话术添加群内好友。团长还可以尝试加入周边洗车店、干洗店、母婴店等粉丝群，与商家合作互推并利用福利吸粉，实现双方粉丝共享并扩展服务维度。

3.2.4　日常工作要点

1. 做好社群管理

要做好社群管理和维护，团长首先就要定好位，明白自己的职责及在社群中的作用。这样才能清楚自己不只是帮助社区团购平台卖货做推广，同时也是社区中的一员，希望能够为社区居民谋福利，真正为他们推荐良心品质的产品，和社群里的成员真诚交流，建立良好的互动习惯，用积极热情的心态处理社群里的每一件事情，这样才能获得社区居民的信任，社群才会保持一定的活跃度，社群成员才会珍惜自己成为社群一员的机会。

2. 体现社群价值

社区社群对有些社群成员来说可有可无，或者他们只有在需要的时候才会去看看信息，随时都有可能屏蔽社群里的信息。造成这类现象的原因是社群没有体现出自己对社群成员的价值。所以，对于社区团购平台来说，要想很好地留存客户，就要把社群价值全面体现出来，除了一些基本的产品推广和营销内容之外，还可以发布一些活动预告、交货提示、科普小知识等，以吸引社群成员的持续关注。

3. 提升社群转换率

经营社群的关键在于提升社群的交易量，只有这样才能把社区团购社群的运营效果体现出来。而要想提升交易量，就离不开团长推荐、已选购客户的评价、限时秒杀、群接龙拼单、定时特惠等，这些方法能够有效提升社群转换率。此外，要开展好运营社群的重点工作，具体如下。

（1）确立愿景

社区新社群的共同愿景是社群成员希望通过社群实现的目标。任何一个高质量的社群都应该有一个共同的目标，要么得到提升和成长，要么获得知识和洞察力，这是社群能够吸引社群成员的基本要素，也是社群成员加入社群的初衷。因此，社区团购平台的社群经营者必须满足社群成员的一些日常刚性需求。否则，新社群运行起来就缺乏动力，无法激励社群成员发挥积极作用。

（2）交流互动

新运营社群的关键是要有日常性的组织获得。例如，中健团社区驿站的下午茶会有围绕社群发展的各种形式的活动，包括亲子活动、教育培训、养老保健、旅游信息、优品品鉴和培训等。

知名社群研究专家宋明认为，社区运营社群中的任何互动都必须以最大限度地激发社群成员的积极性为原则，这是保持社群活力的关键，它贯穿于内容传播、内容生产和业务转型的各个环节。因此，社区社群要特别注意从以下3个方面增加自身的互动性。一是做有态度的内容，这样更容易引起社群成员的共鸣，并激发其话题参与性。二是要做圈层化互动，让社群经常性地保持活跃的氛围，社群成员愿意积极互动，社群成员的一些需求和建议也能及时得到响应和反馈。三是在共享中互利。每个人在社群中都应是利益享受者，越多人参与进来，共享和互利的幅度就越大，社群也才能发展得更长久。

3.2.5 常见问题及解决方法

在具体日常运营过程中，社区社群经常会出现不同方面的问题。中商研究院研究员余波总结为以下几个问题，并提出了相应的改善方法。

1. 缺乏体系化运营

社群的高活跃度离不开群主的精心运营和打理。如果社群数量过多，群主就很难兼顾数个社群的维护与运营，群主与社群成员之间的关系也会越来越淡薄。科学的体系化运营是社群有序健康发展的关键。

2. 缺乏激励机制

很多社群的内容创造者都是社群的组织者，如果输出的优质内容较少，社群活跃度就低，造成这种情况的原因就是缺乏好的激励机制。好的激励机制有足够的吸引力，能够激励社群成员积极维护社群利益。

3. 缺乏社群意识

很多社群的运营者在践行私域流量社群理念时，缺乏社群意识，还停留在"写和看"的阶段，没有与社群成员沟通和互动，很容易与社群成员形成"鸡同鸭讲"的局面。

无论是知识层面、人脉层面，还是资源层面，社群的活跃程度都离不开在这3个方面所能提供的价值。在活跃的社群里，社群成员会觉得能够从中得到自己想要的东西，时时有收获，进而产生心理上的满足感。

社群发展可以通过以下几个渠道来实现。

① 创新运营形式。不断创新运营形式，刺激社群成员感恩这个社群的存在，主动回馈社群。如此一来，社群就进入了良性循环模式，社群也因此而进一步壮大。

② 社群成员筛选。社群成员不能一成不变，社群要有淘汰机制。不断为社群提供新鲜血液，社群才会有生命力。

③ 建立深度关系。社群如果想保持活跃，不能只靠线上运营，还要有一些线下的活动，这样社群成员才能建立深度关系，长久地保持活跃。

④ 内容持续出新。社群要维持长期的活跃，就要激发起社群成员的力量，让大家在社群中不断产生有趣的连接，始终让社群成员感到惊喜，持

续关注社群信息。

⑤ 找到意见领袖。社群是由无数群成员组成的，而社群意见领袖会让社群活跃事半功倍。为此，运营社群者可以让这些意见领袖定时以文字、图片、视频的方式分享社区团购的经验和内容。

⑥ 优化福利奖励。福利奖励是一种常见的活跃社群的方法，团长可以定期或不定期设置一定的奖励和福利用于活跃社群氛围。

3.3 社区团购选品策略

中健团社区团购选品博览会提供了一个专业的选品平台，来自产地和企业的优质产品都会不同程度地展示出来，这是一个非常好的媒介。这个平台使选品和社区团长有效对接，成了企业品牌推广、活动策划和直接销售的新型平台。但选品也有一套相对规范的流程。

3.3.1 社区团购的应用场景

社区团购的应用场景主要有以下 4 个方面（图 3-3）。

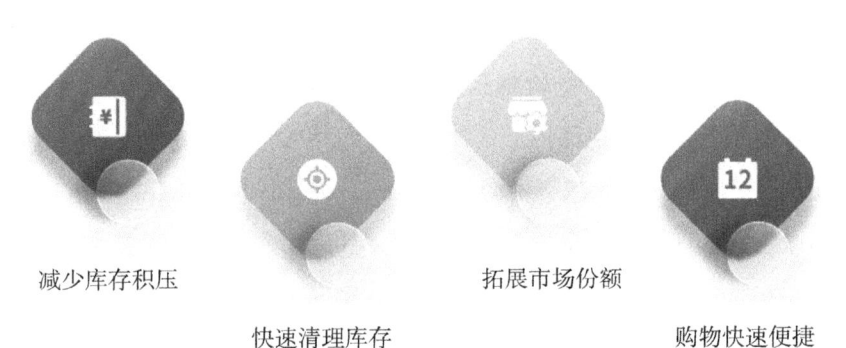

减少库存积压　　快速清理库存　　拓展市场份额　　购物快速便捷

图 3-3 社区团购应用场景（中商商业工程技术研究院整理）

1. 场景一：减少库存积压

某小区便利店计划推出圣诞零食大礼包，但是不知道要准备多少货，于是他设计了一个大礼包预售活动，并上传到社区团购的小程序上，以收集社区居民的订购需求，再据此数量去配货，这样可以有效减小库存积压的风险。

2. 场景二：快速清理库存

某水果超市老板进行库存清理，发现有很多水果的库存太多，于是就设计了一个芒果、橙子、苹果、猕猴桃的下午茶水果团购活动，并上传到社区团购的小程序上，结果不到10分钟便抢购一空。该水果超市老板开始按照订单配送到团长处，再由团长送货到下单的社区居民手中，快速清理了库存。

3. 场景三：拓展市场份额

中小企业B的产品原来必须通过中间商来触达消费者，而有了社区团购之后，就可以直接在社区团购平台上收集客户的订单和反馈，这不仅帮中小企业B扩大了市场份额，减少了中间环节，还有效降低了营销成本，实现了企业和消费者的互惠、共赢。

4. 场景四：购物快速便捷

社区居民A女士之所以选择社区团购，首当其冲的原因就是便宜，同样的物品在社区团购中的价格只有超市价格的6~7折，甚至可能更低。老百姓过日子，谁能拒绝得了这种便宜呢？其次就是很方便，到小区附近的便利店就可以自提，或者由团长配送，节约了很多时间。

以上为社区团购的供货商、品牌商、社区团购平台和消费者围绕家庭快消品一站式购物的4个主要应用场景，实现了业务模式的先进性、平台组织机制的先进性、前端体验价格的先进性，三位一体同步推进。

3.3.2 社区团购的选品

1. 选品基本要求

① 了解社区居民的日常家庭消费需求。
② 高频和高复购率是选品的首要条件。
③ 刚需和高转化率是产品选择的核心要求。
④ 新颖性和差异化是产品选择的关键。
⑤ 流量网红产品既有自己的流量，又有差异化。
⑥ 对于纯手工产品重点打造差异化。
⑦ 合适的非标产品是盈利关键，侧重点是差异化。
⑧ 低重量、低单价是提高推荐转化率的有效途径。

2. 选品重点类型

（1）引流品

引流品，顾名思义就是吸引更多流量来关注平台和购物的产品，利用高频消费带动低频消费，让团长经营的社群人数有效增加，从而提升交易量。通常情况下，这类产品价格都不是太高，质量却非常好，因此很有吸引力，主要是为了降低平台首单获客的成本。

（2）爆品

对社区团购来说，专心打造一个爆款产品的难度要比打造一个爆款的社区团购平台简单得多，因为已经成熟的电商网站上的很多店铺甚至只会专心经营一个商品。爆品为用户喜欢且单品销量数据出色的商品。网站多选择在首页突出的热卖专区专门展示热销商品，一目了然，这些商品非常受用户喜欢。

（3）刚需品

刚需品能满足大部分消费者的需求，是社区团购平台的销售重点，比重占整个团购商品的 60% 左右，可以长期维系客户关系，复购率高。

（4）主推品

主推品就是社区团购的利润品，能给团长和帮卖团长们创造最大利润。主推品一般都是社区团购平台从盈利角度出发，希望大多数用户都来购买的商品。这类商品利润都比较可观，所以价格会比较高一些，但对于用户来说并不是必须要买的。通常情况下，这类商品会结合各种促销活动展示出来，不断刷存在感。

（5）计划性消费品

计划性消费品是指那些需要定期购买的洗发水、沐浴露、纸巾等消耗性高的产品。计划性消费品可以有效提高复购率和客单价。比如，鸡蛋一个月只买一次，用户就会掂量一个月吃多少鸡蛋，并对比一次购买 5 份鸡蛋划算，还是一次性购买 10 份鸡蛋划算。这类商品可以提高客单价。

（6）本地生活服务

本地生活服务可以为社区团购平台有效打造差异化的竞争优势，如体检卡、组团游、亲子培训、游泳健身卡、美容美发代金券、餐饮店优惠券等。

3.3.3　社区团购产品的定价

1. 基本定价方法

（1）价格透明型

价格透明型产品，包括大家都知道的 1 元 5 角一枚的鸡蛋等产品，还包括周期性蔬菜、水果、稻米等产品。对于这类产品，顾客不看价格牌，心里也会有数。假如这类产品价格高于心理预估，客户便会觉得贵，也就不会再选购了。

（2）尾数定价型

尾数定价型是制定非整数价格，以零头结尾。依据不同产品，通常采用两种方法来定价。针对引流款产品，例如，3 元一斤的橘子，我们可以定价 2.9 元，让顾客感觉它更便宜。而针对盈利款产品，例如，7 元一斤的红提，我们可以定价 7.9 元，提高品类的盈利。

2. 定价小技巧

（1）小数定价

我们在日常购物中经常看到一些不是整数的价格，如 9.9 元、6.68 元等。这种定价方法看上去很吸睛，消费者一眼就能看到，而且对于多出的几角几分钱，消费者不会有什么感觉，认为贵不到哪儿去。对于社区团购平台来说，采用这种定价方法可以提高毛利率，积少成多，数量升上去，利润就非常可观了。

（2）高低价搭配

利用超低价爆品引流的时候，可以通过高低价搭配有效带动其他高价商品的销量。例如，以成本几毛的产品推出一元购，定期更新品类，便能带来大量新客和活跃流量。

（3）满减折扣

满减折扣的一般形式有"每满××元减×元""×件×折"等，这样的组合优惠方式，可以让消费者感觉便宜到家了，也让社区团购平台获得了利润，有点类似拼团的套路。

（4）阶段性促销

同样的产品在不同的时期会有不同的价格，错过就不再有。例如，产品每隔一段时间以活动价促销，过期后恢复原价，这样既使定价更灵活，又不用牺牲利润。

（5）定期活动价

例如，开展整点秒杀、即时秒杀、限时抢购等活动，只要价格足够优惠就会有吸引力，如果再设置限量购，还可以进一步调动抢购氛围。更重要的是，这种活动可以有效培养用户的消费习惯，提升用户的活跃度及留存率。

3.4 社区团购专业供应链构建

3.4.1 供应链管理与社区团购的再设计

在社区团购模式中,供应链是最关键的支撑元素。也就是说,如果没有供应链,社区团购根本玩不起来。而供应链的好坏,直接决定着社区团购平台收益的高低,也决定着社区团购平台是发展还是落败。因为社区团购平台具有次日达的特性,产品从产地到消费者的手中,物流、货品和人员运营都有成本投入,且会对供应链形成极强的挑战,所以社区团购供应链的强弱,不仅决定产品是否被消费者喜欢、需要,还决定产品价格的高低,决定社区团购平台有没有竞争力,决定社区团购平台是否能够在越来越激烈的竞争中走下去。因此,加强社区团购平台的供应链管理特别重要。专家宋舒易长期从事社区团购供应链研究和经营管理工作,他总结出了社区团购供应链管理中容易出现的问题,并提出了相应的解决方案。

1. 供应链管理常见问题

供应链管理是一项复杂的工作,经常会遇到各种问题,常见问题如下。

(1) 物流成本

统仓统配一般来说是最有效率、成本最优的一种方法,但这种方法只适用于大型社区,订单量有几百、几千的时候,物流成本才合算,否则为了履约，在订单量很少的时候，很有可能出现亏损。特别是在天气炎热的地域和季节，冷链物流又会让物流成本提高一个级别。所以物流成本是社区团购面临的一大挑战。

（2）高损耗率

生鲜产品在社区团购平台商品中占比较大，因为这是刚需产品，也是复购率较高的产品，能够很好地留住客户，所以不能减少其在社区团购平台商品中的占比。但生鲜产品一个最大的问题就是损耗率较高，特别是在高温地区和天气情况下。如何解决生鲜到仓分拣、物流配送到团长、消费者自提这几个环节中生鲜产品的保鲜、保质问题，是对社区团购平台的又一大挑战。

2. 加强供应链管理的作用

加强供应链管理的最终目的是有效降低社区团购平台运营成本，更好地满足客户需求，提升平台竞争力，进而更好地实现盈利。

（1）提高管理水平

供应链管理的关键环节在于对流程的设计与再造，它们对于提高供应链管理水平具有重要的推动作用。与此同时，随着社区团购平台供应链流程的不断应用、实施，社区团购平台管理的系统化和标准化也会大大提升，这些都会推动社区团购平台管理水平的持续提高。

（2）提高客户满意度

提高客户满意度是加强供应链管理的最终目标，供应链管理和优化的所有方法和渠道，都要以这个目标为根本，因为只有客户满意了，社区团购平台才能生存下来，走得更远。

（3）降低存货水平

通过降低存货水平，供应商能够随时掌握存货信息，进而有依据地开展生产、组织货源、及时补货，从而保证社区团购平台的正常供货，减小不必要存货带来的资金压力和库存压力。

（4）节约交易成本

结合电子商务整合供应链会让交易变得简单便捷，有效减少交易中各个环节的成本支出，让交易更具效率。

（5）减少循环周期

供应链自动化的实现，可以大大提高平台的预测精度，促进供应商更加科学规范地进行管理，不仅可以生产出客户需要的产品，还能缩短生产时间，全面提高顾客满意度。

（6）降低采购成本

因为供应商能够方便及时地获得存货和采购信息，所以很多采购管理人员等都可以从这种低价值劳动中解脱出来，进而从事更高价值的工作，有效降低采购成本。

3.4.2　供应商与社区团购平台合作要点

供应商在社区团购中也起着一定的作用，可以为社区团购平台提供优质的货源。那么，供应商加入社区团购要具备哪些条件？专家韩友环总结了如下几点。

（1）提升货源品质

供应商要想与影响力大的社区团购平台合作，还需要提升自己的货源品质并扩大自身规模。只有这样，供应才能获得大型社区团购平台的关注，并与其建立长期合作的关系。供应商与社区团购平台合作时需要做到实时供应并且稳定供应，才能为以后的长久营销建立保障。

（2）选择好的社区团购平台

供应商要想让自身业务获得更好发展，首先就应该选择好的社区团购平台。要选择一些影响力较大的社区团购平台，因为这样的平台本身已经有一定的用户基础，每天的订单量也就更有保障。供应商与这样的社区团购平台合作可以获得长久稳定的发展。

（3）借助软件管理

供应商要想更好地和社区团购平台对接、减少供应过程中出现的差错，可以借助专业的系统软件进行供应方面的管理。现如今，市场上的社区团购系统一般都有完善的供应模块，并且有独立的供应商后台，可以为供应商管理提供更多支持，让供应商更好地服务于社区团购平台。

（4）提升竞争力

供应商要想提升自己的竞争力、获得更好的发展，还需要完善自己的供应链。为此，供应商应建设自己的供应团队，与社区团购平台进行对接，为社区团购平台提供高效稳定的供应服务，这样可以提升自己的竞争力，让自己在社区团购行业中获得更好的发展。

3.4.3 构建专业供应链要先玩转大数据

目前，很多社区团购普遍存在以下问题：整体利润率偏低、运营管理成本较高、货源渠道的稳定性差、物流配送难以掌控、团长招募难管理难、触发活跃用户的能力欠缺。社区团购出现这些情况，大都是因为缺少优质的供应链做支撑。

做社区团购，重要的是洞悉和掌控市场环境，拓展和管理粉丝群体。社区团购的供应链包括选品、货源（季节性还是持续性）、物流、仓储、前置仓、分装与分拣、落地配等环节。这些环节直接影响到商品能否准确高效地交付给社区用户。

社区团购未来的竞争，一定是供应链生态的竞争。社区团购面临如此危机，大家都在寻找解决方案，寻求解决商品品类供应不足、管理运营缺陷等现实问题的方法。近年来，部分社区团购已经开始运用大数据进行供应链管理。中商数字经济分会副会长赵蔚把这类专业平台的显著特点总结为以下几个方面。

（1）比质比价

社区团购供应链平台整合全品类商家货源、上万家品牌、百万级SKU、日上新逾千件特价商品、亿级可售商品货盘，社区团购接入大数据之后，可以有更多的货源渠道比质比价比服务，为社区团购企业降本增效，为用户提供更多可以选择的优质商品，提高用户的活跃度、忠诚度和复购率。

（2）精准溯源

大数据在社区团购供应链平台的运用具有天然的优势，可以对供应商实行"严格准入、量化考核、动态调配"的管理措施，并打造"供应链溯源系统"，从商品原料、生产、包装、仓储、渠道、终端到消费者的整个环节中，实现商品全生命周期的追溯管理，实现来源可查、去向可追、责任可究、风险可控，确保货源的优质、安全、充足。

（3）智慧仓储

大数据在社区团购供应链平台的运用，可以帮助社区团购平台打造商品仓储的智慧模式。这种模式具有专业强大的仓储服务管理能力，WMS、OMS等多重管理系统，完善的仓库管理机制，领先的信息系统，高效的订单处理流程，严密的数据保障体系，能为商品物流配送打好基础。

（4）提升配送效率

以现货率及库存周转率为核心指标的智能供应链体系，可凭借"全网实时、精准共享协同、业务数据化、数据业务化"的独特优势，胜任订单高峰、提升配送体验、降低物流成本、节约管理精力。

由此可见，社区团购的稳定货源、供应链的巨型体量是关键所在。社区团购平台在售品类逐步拓展之时，提升供应链管理就是重中之重，特别是拥有农副产品资源、生鲜资源、生活用品资源的商家，要顺势抓住机遇，借助大数据管理能力来巩固自己的货源渠道、提高物流配送效率、提升综合管理能力，从而抢占市场发展先机。

总体来说，大数据接入社区团购供应链，是社区团购平台未来发展的必然趋势，所以，各个社区团购参与者必须要引起重视。

3.5 社区运营社群全攻略

3.5.1 社群日常运营

1. 运营重点

社区社群日常运营主要应注意 6 个方面。

① 维护社群氛围，有效提升社群活跃度，增强社群用户的黏性，提高转化率。

② 持续输出高质量内容，利用各种话题、活动和专题，有效提升用户活跃度。

③ 通过各种运营活动与手段拉动订单量的增长，提高用户转化率。

④ 制定群内激励制度，有效提高群活跃度与转化率。

⑤ 搭建用户成长体系，分析用户数据，优化用户体验，提高转化率。

⑥ 收集社群成员意见，并及时反馈、跟踪与分析。

2. 运营内容

① 每天都有生鲜水果相关内容的输出，例如，关于生鲜水果的选购技巧、生鲜水果的养生及产地科普之类的内容，给用户提供更多的社群价值，从而更好地促进成交。

② 定时或不定时在群内发送物美价廉的产品活动消息，吸引社群成员下单购买。例如，利用 8.9 元和 9.9 元特价产品进行引流推广，号召社群

成员自发宣传和转发。

③ 经常制造群内话题，可以在群内开展跟购物、育儿、养生、美容等话题的讨论，也可分享周围新鲜事、停电停水公告等，实现社群生活化。

④ 发送活动预告。例如，社区团购平台引流的爆品是柠檬水，可以这样提前推广：

很多朋友早上都有喝柠檬水的习惯吧，我也是。之前每天都会自制蜂蜜柠檬水喝，不仅味道好，而且还能疏通肠道，喝完肠胃很轻松呀，还可以补充大量VC哦！明天价格超级实惠的，22.8元/2袋，每天放4片，可以喝10天左右。

⑤ 积极做好售后服务。在社区运营社群过程中，可以对社群成员的商品需求种类做相应的调查，这样也便于群主在群内花更多的精力宣传符合消费者需求的商品。同时，还要对社区团购平台各个流通环节进行一定的了解，有问题可以先与社区团购平台沟通，便于解决消费者的疑问，降低可能出现的退货风险。在这个环节中，社群管理者最需要注意的是要抱着全心全意为客户服务的心态，能够扑下心来帮助社群成员解决问题，只有这样社群成员才会愿意待在社群里，社群也才会更有价值。因为社区成员都是小区里的邻居和熟人，服务特别关键，前期建议群主亲自送货，并通过这个机会与小区邻居建立良好的信任关系。

3. 运营关键

（1）运营能力

在社区团购模式下，社区团购平台的拓展完全依赖团长和团长的运营社群能力。因为团长需要建立、维护和管理社群，这些工作做好了，才能有效调动社群成员的积极性，提升社群成员的转化率。维护社群是开展社区团购业务的关键，团长不仅要注重维护社群，使社群保持一定的活跃度，还要善于发现潜在客户，做到时时拉新。

（2）商品宣传

团长是消费者与商品之间的重要纽带，消费者主要通过团长来获取社区团购平台的产品、活动信息，所以团长的商品宣传是否全面、及时和到位，会直接影响消费者的购买和下单意愿。因此，团长需要加强对商品和营销活动的宣传。

（3）平台联系

团长工作效率的高低决定着社区团购平台能否及时接到订单信息、能否及时获得市场需求数据。所以，团长要与社区团购平台经常性地联系沟通，及时上报订单数据，并随时反馈社群里的售后情况。

（4）保障物流

生鲜品在抵达消费者前的最后一环是团长，团长承担着商品配送或商品暂存的责任。因此，团长必须保障商品末端物流的安全，尤其应当加强对生鲜品的管理，进而更好地提升消费者的消费体验。

3.5.2 运营社群技巧

亲爱的小区家人们，凡在小区××平台购买商品并在群里晒单的亲们，都可掷骰子领红包哦！掷为1可得0.68元，掷为2可得1.18元，掷为3可得1.88元，掷为4可得2.18元，掷为5可得2.88元，掷为6可得3.88元，欢迎大家积极晒单，现金红包拿不停。祝所有的家人们购物愉快！天天开心！

从以上社区社群发布的信息可以看出，在整个运营过程中，团长在社群中兼具联系员与推销员的角色。团长可以与社群成员私聊，发送与产品相关的一些照片和活动，以及别的消费者的体验，有效激发社群成员的积极性与活跃度；也可以通过晒单红包，激励社群成员都参与进来，自发购买，自发评价。

但是，这样做很容易陷入一个误区，即把社区社群只当作卖货的社群，而忘记社群的本质是什么。但实际上，团长不能只是在社群里卖东西，还需要建立社交圈子并且稳步发展，让这一社交圈子的人都信任自己，都来买自己推广的产品，这点非常重要。因此，社区运营社群技巧主要有以下几点。

1. 适当把握团长在社群中的精确定位

团长作为社区团购服务平台通过社群销售产品的人，以及社群管理者，需要向大家共享资源，推荐好产品，带领大家一起花最少的钱，买到最好的产品和服务。

2. 得到用户信任是管理社群的必要条件

如何能更好地得到用户的信任，关键在于产品本身的质量。选择高质量的一手货源和可靠的社区团购平台是团长得到用户信赖的第一步和最重要的一步。

3. 建立优质的互动交流沟通机制

社群天然就带有社交属性，无论在社群中分享哪一类商品，都应考虑心理和情感因素，这样产品才会有人情味、有温度。所以，在社区社群里，商品内容的人格化属性和人性化特性非常必要，尤其是社区团购要打造的爆品，这两点不可或缺。由此可见，运营社群，运营的不只是产品，更多的是感情，是信任，能够让用户无条件信任的团长，其推荐的商品总会让人产生消费购买的意愿。而在感情的维持和营造方面，社区团购服务平台更应在背后辅助团长。例如，社区团购服务平台准时在社群里发一些红包、优惠券等福利，这样可以更加简单有效地促进消费。除此之外，团长与社群成员保持相同或相似目标和爱好，也是促进感情最好的方式。团长可以不定时开展一些社群主题活动，保持社群的活跃度，增强社群成员对社群的信赖感。

4. 竭尽全力确保口碑

优质的用户点评更会得到消费者的信任，因此社群可以依靠消费者的晒单和点评吸引更多的用户购物，而对给出优质点评的用户给予优惠折扣，更可以很好地吸引用户参与。

此外，还有几个细节要注意。

（1）打造个人品牌

社群管理者和运营者要与用户交朋友，精心设计的头像、微信名、个人签名、朋友圈背景图，以及带有明确位置定位的朋友圈、日常朋友圈分享等，都可以增强用户对社群的信任。这是因为，社群营销是基于用户信任而建立的一种商业模式，客户的消费都是基于对社群管理者和运营者的了解和信任才产生的。

（2）经常互动聊天

社群管理者和运营者要有想法、有观点，让社群成员感觉你是个有血有肉的人，愿意与你交流、聊天。这样社群成员更容易产生信任，也才能更好地产生消费行为。

（3）搞好社群气氛

社群是需求的聚集地，也是福利的聚集地。适当的福利是维持社群活跃度的刚需，可以借助运营社群工具来做好福利，比如，群积分功能就是用来鼓励社群成员签到、发言、活跃群气氛的，或者对完成拉新等群任务的社群成员进行激励的。

3.5.3　社群活动运营技巧

1. 活动准备

一般开展社群活动时都需要事先做好分工、明确责任，让参与者各司其职。

运营人员： 运营人员负责在活动中把控活动流程和进度，进行人员和活动突发事件的现场处理，同时记录整个活动流程的数据和问题，在复盘的时候进行整理分析。

客服人员：在活动当中，客服人员的工作必不可少。他们需要根据活动安排，在群内发布活动规则、回复用户问题，同时还需要进行团品宣传、物料发布、回复团品问题和用户咨询等。也可以借助网络工具，设定定时发送物料和关键词自动回复以减少客服人员的工作量。

宣传员：宣传员在活动中承担着引导群内舆论、营造活动气氛的作用，一般是通过代入社群成员的角色进行提问引导，在群内分享购买体验和团品反馈进行侧面宣传，参与购买群接龙、群内购买反馈等方式营造群内的热卖气氛，同时也可以打造一种团品热卖、余量不足的效果。

2. 预热工作

第一步：发布群公告。群公告要在活动开始前第一时间发布，因为在活动预热的时候，可能有老群员邀请新群员进群，新群员进群第一时间收到的官方通告就是群公告，其他群员在群公告发布之后也会收到提示。群公告可以简单明了地说明团购活动的具体内容，有条件的还可以附上团品的购买链接。

第二步：发布预热信息。预热信息以文字+图片+视频的形式呈现，可以是倒计时预热信息，提示活动开启时间、活动规则等，也可以是活动简介和价格预告。

第三步：活动介绍。活动介绍是以文字的形式告知用户本次活动的参与方式、途径，可以更为完整地将活动的相关细节全面地展示给用户。

第四步：分享产品图片或小视频。实拍活动产品的美图或小视频，这项工作是吸引用户关注的关键一环，再搭配适宜的文字，就能将产品的优点、整体效果较为完整地展示给用户。

第五步：预热活动介绍。在预热期间，对预热活动进行介绍，可以引导用户分享裂变，或者提前锁定客户，从而提高活动转化率。

3. 正式活动

第一步：开启仪式。好的开头是成功的一半，活动正式开始需要有仪式感，需要发布正式的群公告，包括开团提醒、活动详情、团品价格等信息。

第二步：初步介绍分享团品。通过活跃分子活跃气氛，从活动产品本身的功能、细节、质量、价格、优惠力度等角度出发，运用文字＋图片＋视频的方式分享团品信息。

第三步：介绍活动产品。无论是社群管理者、运营者，还是活跃分子，在分享的过程中，都要配以适当的通俗易懂的文字、语音和小视频，这个过程非常考验专业度。尽量使用专业术语、参数和数据，这样可以更容易赢得用户的信任。比如，从多角度展示活动产品，包括从外观、功能、质量、售后等多个方面进行详细介绍，最大限度消除用户的疑虑，建立用户对团品的信任。

第四步：宣传助推。宣传员起到的是润滑剂的作用，任务是就活动产品的一些细节提出问题，由运营社群者及时予以专业的回答，消除社群成员的一些顾虑。

第五步：关注维护。时刻关注活动期间群内动态、解答问题、处理群突发事件等，并进行群接龙、活动时间的管理，如倒计时、秒杀等的提醒。注意利用好每天的黄金时间段，分别是9时—12时、15时—19时、20时—22时，这是分享活动和产品信息的最佳时机。要确保每一个黄金时间段都有客服人员跟踪群动态，当社群成员提出问题时，客服人员需要迅速、恰当地给予回复。

第六步：活动结束后的维护。活动结束后要感谢用户的支持，举行一个结团仪式，并预告下期活动，给下次活动营造热度，告知用户后期社群还会提供日常推品、日常分享、用户交流、群日常运营、积分活动等服务，希望大家持续关注。

3.5.4 用户运营技巧

社群中的客户对于团长来说，并不只是一个微信好友那么简单，每一个购物体验好的人都有可能帮助团长和社区团购平台发展新客户，宣传推广团品。在这种模式下，哪怕是团长不认识的人，与其没什么交往的人也可能成为社区团购平台的忠实客户。所以，社区社群的运营者需要做好以下两方面的工作，即产品推荐和日常分享。

1. 产品推荐

社区团长每天都要将商品链接推送至社群，同时配上宣传广告语，引导社群成员竞相购买。当然，团长对产品的推荐要保持一个合适的频次，发得太多会引起社群成员的反感。曾有社区团购平台的团长一次性把平台上的品类全部推送至群里，最终引起社群成员的不满，使大家都失去了购买和了解的兴趣，订单量寥寥无几，生意十分惨淡。

2. 日常分享

在产品推荐之外，有些社区团购平台还会让团长为社群成员制定一些话题，自发或邀请一些社群意见领袖围绕社群成员的生活、感情、工作、旅行、休闲等话题进行深入交流讨论，延伸社群的服务范围，用话题激起社群成员之间的连接，并引导社群成员分享感受。一方面，社群成员要有情感共鸣，因为社群成员其实都有着共同属性，所以需要直击社群成员的情感共鸣，发掘其真实需求，这是最重要的。另一方面，社群是以用户聚集和内容生产为主的，天然具有较好的吸引力和黏性，用户愿意把时间花在社群里，愿意为社区团购的产品付出更多的时间和注意力。

此外，用户运营最重要的是把握好5个关键点。

（1）信任

信任是双方相互认可，并且反复确认的双向关系。在运营社群中，与社群成员建立的信任关系有两种：一种是社群成员对团长的信任，另一种是社群成员对商品的信任。社区社群是建立在社群成员对团长和社区团购平台的信任之上的，大多社区团购的团长在起步时都是拉身边的人建群，已经有信任基础。培养社群成员对商品的信任，引导社群成员购买并将满意信息反馈给团长，从而加深对团长和社区团购平台的信任。这种信任的建立，分为直接和间接两种方式。

① 直接方式。直接方式就是自证，通过用户能够接受的较为直观的方式，主动告诉用户团品可以带来什么价值，质量好在哪里。例如，用户想知道衣服起不起毛球，团长就用拍摄"刷子刷衣服不起球"的视频等诸如此类的方式证明衣服的质量好。

② 间接方式。间接方式就是利用第三方进行背书，这是用户建立对商品的信任最快速、最有效的方法。一是利用好平台借势，做好产品的品牌宣传，打造质量好、有保障的口碑。二是通过老用户的购买反馈，如评价、晒单、实拍发图等，对产品价值进行有利的背书。以上两种方法都可以通过截图、照片的形式在群内分享。

（2）需求

有刚需的人群，是最有机会成交的目标客户。如果社区社群已初步建立，且已经注明属性是"社区团购"，那么此时愿意进入社群的，基本都是需求较为明确的目标用户。这里有一些问题：什么样的人群是有刚需的人群呢？怎么判断用户的需求呢？通常可以采取以下两种方法。

方法一：根据提供的商品去做引流，例如在朋友圈、引流平台发布对应的日用品、生鲜品的信息和海报，有需求的人就会进群来。

方法二：根据社群的人员构成进行判断，如果群里都是宝妈、家庭主妇、上班族等，就鼓励大家多多分享社群二维码，或者在社区里找这类人群加入社群等。

（3）消费能力

对于不同消费能力的用户，需要针对性地设置不同的运营策略。对于高客单价的用户,需要培养其对商品的价值认可,例如对商品品质的认可、对商品稀缺性的认知和对身份阶级的认可,提高客户对高客单价产品的深入了解。对于低客单价的用户,则需要走限时秒杀、限量特价的路线,同时要营造库存有限、购买用户多的抢购氛围,激发用户的购买热情。人都是有从众心理的,当身边的人都在抢购的时候,他们对商品的信任度会更高,同时由于气氛的烘托,可能原来没有强烈购买欲望的用户也受到影响而做出购买行为。

(4) 紧迫感

紧迫感是成交的催化剂,如限时团购,如果用户没有在规定时间内购买商品,那么以后无论如何都不会享受如此低的价格了,而且前后价差非常明显,如10%的价格差距。此时,社群成员会认为如果不参与团购,则面临10%的损失,从而产生焦虑感,考虑的重点就有可能从"该买哪一家的产品",转变成"要不要买这一款产品"。紧迫感的营造是社区运营社群的难点,如果采取限时团购之后仍不能让用户产生强烈的紧迫感,就可能适得其反,让用户产生"这次活动不能提供真正的价值"的感受,导致活动失败。

(5) 性价比

性价比来源于两点:一是满足用户的需求,二是超出用户购买这个商品的心理预期。如果没有满足用户的需求,这个商品对用户而言是没有任何意义的;如果商品没能让社群成员觉得超出预期,那么就会陷入商品同质化的竞争圈,一旦到了这个阶段往往就会进入非常直接而残酷的价格战,对每个同类商家都是伤害,而且无法创造更大的利润。因此,满足需求、超出预期是构成性价比的两个必备条件。

① 满足需求。根据马斯洛需求层次理论,人的需求分为5个层次,功能需求是基础,安全需求是加分点,这两个需求都已经被淘宝、京东等平台实现了,而情感需求、尊重需求则是社群电商时代需要被满足的更高层次的需求。社区社群需要围绕用户的情感和尊重需求,深挖品牌、产品的

特性，并且对特性进行有效展示，以引起用户共鸣，满足社群成员的情感及尊重需求。一是满足情感需求。用户希望通过产品让自己带上某个特定的标签或者显示某种特质，如小清新、文艺范等。二是产品本身没办法带来感情，但是我们能通过讲故事给用户创造感情，或者赋予这个产品符合它本身调性的情感寄托。比如，在讲解小餐桌的时候，可以营造一个情侣共进晚餐的场景，即一起过生日、吹蜡烛、吃蛋糕的场景，它很具画面感和代入感，能唤起用户的情感共鸣。三是标签化，把产品融入一个具体场景，比如，文艺风场景，选择壁挂唱片、绿植、小猫、暖色调小吊灯等对场所进行搭配展示。有条件的情况下，最好向老用户征集优秀返图、评价实拍等。老用户或者第三方对于品牌、产品的评价和种草所产生的背书效果比团长自卖自夸的效果好得多。四是尊重感。社群成员都有身份地位及认可的需求，而且不同的行业、人群圈子其实是有其独特的认可方式的，但也存在个体差异，所以这一点不是必选项，而是加分项。因此，分享产品的时候，需要对社群成员的调性定位有一定的了解，是高客单价的高调奢侈还是低客单价的亲民、高性价比，这个需要团长认真思考和确认。

② 超出预期。给社群成员超出预期的购物体验，核心在于控制商品成本和做出市场差异化。如果具备较好的成本控制能力，成本优势突出，如在更低价格的平台选品，可以打价格战，但是不易持久。差异化则是在了解自身及对手的情况后，就用户的需求进行适当的选品调整，如一些人无你有的商品、一些品牌独家授权的团购商品等。与此同时，保证用户从购买商品前到商品配送到手的整个流程的流畅性，贯穿"宣传触达—产生意向—购买支付—快递送达—商品售后"的全流程，从中找出自己在运营社群中做得不足的地方并改进，这样一定会给社群成员带来超出预期的购物体验。

3.5.5　运营社群促活工具

在运营社群过程中，如果使用一些好的互联网工具，则有可能大幅度提升私域流量运营社群的工作效率,减少很多重复性工作,轻松打造高价值的私域流量社群。下面介绍几类社区社群必备的运营工具。

1. 社群管理类工具

管理社区社群需要学会利用工具,这样可以大大提高运营社群效率。这些运营社群工具已经非常成熟并被团长们广泛应用。

① 聊天狗。聊天狗是一款智能化社区社群管理工具,直接在电脑端登录,无须下载,具有入群欢迎、关键词入群、关键词回复、定时群发任务、多群群发、自动踢人、智能聊天机器人沟通等功能,可以满足社群管理需求,提高社区运营社群效率。

② 小U管家。小U管家有引流、新人入群及时欢迎、群签到、关键词自动回复、查询群内成员发言数、群积分、保存群内聊天内容、多样化群游戏、群数据统计等上百种功能。

③ 伙伴云。伙伴云主要用于导入本地数据文件,是一款针对多人的数据协作工具,能实现在线数据共享与协作。

④ 建群宝。建群宝通过策划活动,以优质活动、知名品牌或极具吸引力的课程来吸引客户进群,是一款群裂变涨粉工具。

⑤ 活动行。活动行是一个提供活动报名与票务购买的平台,可以为个人、企业或组织举办的活动提供技术支持。

⑥ 问卷星。运营社群离不开调查问卷,可以使用问卷星提供的模板完成诸如问卷调查、满意度调查、报名登记表、投票评选等任务。问卷星中网络模板丰富,而且全部免费。

⑦ 小码短链接。使用小码短链接可以将原始链接转换为短链,不仅方便发送,而且还能统计每个链接的访问量。

⑧ 微友助手。微友助手最大的用途是可以查询客户的活跃度,从而考虑把不活跃的、活跃度倒数的客户清理出去。

⑨ WeTool。WeTool 是一款群管理工具，可实现自动入群、机器人自动答疑，还有积分打卡、成员标签等功能，可提升微信群运营效率。

2. 社群分享互动类工具

运营社群中社群分享是最重要的一部分内容，高效分享自然离不开一些社群分享互动类工具的运用。

① 荔枝微课。基于微信群的同步直播，荔枝微课以工具+内容为核心，专注帮助学习型社群有效地进行内容输出、发布和传播。

② 一起学堂。一起学堂是集"直播+录播+重播+移动互动在线教育"于一体，是基于微信内容的最好用的社群直播平台，适合学习型社群进行传播转化。

③ 小鹅通。小鹅通可一站式解决付费转化、内容转化、运营社群、客户分析这四大痛点，是专注于知识付费与运营社群的聚合型工具。

④ 面包多。作为知识付费型工具，面包多可以把作品制成付费版，分享给需要的人，获得收入。面包多支持任何形式的创作，包括图文、代码、游戏、视频、音乐等。

⑤ 微课分享。社群有个痛点，即无法把一个内容自动同步到别的群，微课分享可一步解决这个问题。

3. 其他辅助类工具

除了上述两类工具，还有一些辅助类工具，可以极大地提升社群的运营效率和运营水平。

① 第九工场。第九工场的主要功能是制作二维码、提供定制服务和设计培训服务，便于社群高质量传播，二维码名片制作非常便捷。

② 创客贴。创客贴直接提供了大量素材，用户通过拖拉拽的方式，可轻松制作精美的社群宣传海报，是一款简单易用的线上图形设计工具，可

制作精美的海报、邀请函、PPT、信息图等。

③ 稿定设计。稿定设计内置很多无版权模板，可快速制作专属海报、H5、网页导航图片等。

④ Docsmall。Docsmall 是完全免费的在线图片压缩、GIF 压缩、PDF 压缩合并分割工具，界面简洁美观，无广告，无速度限制。

⑤ Teambition。Teambition 是一款团队协作工具，可以管理任务、日常事务、文件库等，免费好用，适合多人团队协作使用。

⑥ 人人秀。人人秀是免费的 H5 在线制作工具，可以制作邀请函、产品介绍等，内置海量 H5 模板。

⑦ 石墨文档。石墨文档是可以多人协作的在线文档工具，完全能替代 Office，有文档、表格、脑图、幻灯片、思维导图、表单等工具。石墨文档界面配色简单美观，操作流畅度很高，适合汇总各类信息、发布重要通知等，只需要将链接发送到微信群、朋友圈等，访问者就可以看到，并可编辑文档内容、添加评论等，多人协作很方便。

⑧ 奶牛快传。百度网盘非会员上传会限速，而奶牛快传上传下载都不限速，还有免费的网盘空间，界面简洁，很具艺术气息。

3.6 社区社群营销文案和社群功能性文案写法

3.6.1 社群营销文案写法

互联网时代，虽然文案无处不在，但好的文案较少。好的文案在某种意义上就像水一样，看似涓涓细流，却可以掌控用户的情绪和心理。好的文案虽然具有"明确"的广告意图，却不像传统广告那般直接、生硬和粗暴，用赤裸裸的广告字眼直接暴击和占领用户眼球，而是将营销信息深藏于文字之中，春风化雨般克敌于无形，不只能够卖爆一款产品，甚至可以改变一个企业、一个品牌的命运。

现实中多数企业的文案虽然精彩或者创意无限，却并没有为企业和产品带来多少收益，个中核心原因就是没有弄明白文案的使命是什么，自然也就写不出具有销售力的文案。

事实上，无论时代和载体如何变化，文案的使命却从来没有改变：帮助企业和产品迅速找到目标客户，塑造企业品牌，提升销售业绩。通俗点讲就是"能把东西卖出去"！

社区运营社群者要想写出具有销售力的文案，不妨从以下几点入手。

1. 树立好的产品理念

很多人写社群营销文案之前，会先从产品的功能和特点入手，在产品"如何好"这个关键点上下了很大的功夫。当然，写好文案的前提肯定是了解产品，搞明白产品有哪些重要的功效，可以为社群成员提供什么好处、解决什么问题、带来什么便利等，这是基本功。但那些只是把产品功能和功能好处罗列出来的文案，无论如何极尽描述和赞美之能事，都不能成功吸引和打动目标社群成员。因为，大多数社群成员看到这篇文案首先想到的问题就是：你的产品好，但和我有什么关系？这样的产品多了去啦！所以，想要写出有销售力的文案，仅有产品功能和功能好处描述是不够的。也就是说，哪怕你的产品具有惊天地、泣鬼神的功效，也并不代表消费者就要为此买单。只有向消费者传达好的产品理念，让消费者感知到产品的价值，戳中消费者的深层需求，才能得到消费者持久的认同。

产品理念，属于产品的内涵，是一种肉眼看不到的优势，并不能为消费者的五官立即感知，却可以成为产品一个无可替代的"功能"和"特点"，让消费者信服产品能给自己带来的价值远比同类竞争产品要更大。

事实上，在"同质化"竞争白热化的市场背景下，产品唯一的、具有独特优势的特点和功能已经非常少，而"潜在的"优点则有增无减。所以，社群营销文案可以从产品本身、用户角度和主流价值这3个角度出发来树立和诠释产品理念，从而创造与社群成员之间的情感联系与契合。

（1）从产品本身出发

某社群团长在宣传某款小家电产品如何安全时，总是空泛地传播消费者无法感知的诉求，文案是这样写的：使用N万次无事故。这样的文案，随便哪个小家电都可以用，消费者对此很无感。而另一位团长则从产品本身出发来诠释产品的安全理念：使用这款小家电，不用担心安全问题，每时每刻它都像是守护你的"大白"。第二位团长写的营销文案非常形象地把产品的安全性用"大白"的概念精确地传递给消费者，瞬间给社群成员带来强大的价值感知。因为社群成员知道"大白"能保障人身安全，因此对这款小家电的安全性有了直接和快速的感知，从而对这款小家电产生了信任。

（2）从用户角度出发

某社群团长了解到其推广的一款运动系列产品属于一个非常经典的运动系列，注重张扬自我、保持个性，于是在质疑的声音下，坚守忠于自我的品牌理念，结合当下最火热的网络流行语来撰写营销文案，文案中有很多这样的词"太粉了""太娘""太 man""太完美""太酷"……这则营销文案很轻易就戳中了社群中年轻成员的心，所以一经发出，立刻引起社群成员中"80后""90后"用户的持续关注，因为他们觉得这款产品很懂自己，与自己的调性很合拍，能够很好地为自己代言。

（3）从主流价值出发

社群团长在社群营销文案中诠释产品理念时，还可以选择一些具有主流价值的"母题"，如现在大家都在提倡的"情义无价""慢生活""匠心"等，这些关键词虽然不一定与产品有关，但却可以与产品相结合，创造不同的场景加以演绎，让社群成员轻松产生共鸣，从而与产品实现潜移默化的联结和沟通，感觉在购买产品时并不仅仅只是得到产品，同时还得到了某种深层次的精神满足，如文化、情感、感觉、理解等。

2. 用 0.1 秒占领社群成员心智

互联网时代，用户的注意力在什么地方，便意味着什么地方有流量，而有流量就意味着可以掘到金。现在所有的品牌和商家都在忙着引流，给店铺增加访客浏览量，或者提高店铺的曝光率、转化率。因为消费者通过互联网接触到的信息过多、过杂，如何争抢到他们碎片化的"注意力"，已经成为一个世纪难题。

那么，对于社区社群营销文案来说，团长要明白一个道理：虽然产品有那么多的优点要传达，而且认为每一个优点都那么重要，不可遗漏，却苦于没有时间再去慢慢铺垫，也没有时间让情绪慢慢抒发，一时无从下手，因为社群成员留给团长的时间可能只有 0.1 秒，所以无论社群里发什么内容，都要达到能够快速"吸睛"的效果，让社群成员一眼就能明白并获得关键信息。为了达到这个效果，团长可以从以下 3 个方面入手成功"秒杀"社群成员的注意力。

（1）传达核心信息

文案是通过产品的具体信息来说服客户购买的一种方法和手段。因此，很多人都把注意力放在了如何罗列产品的优点和好处上，认为产品优点和好处罗列得越详细越好。事实上，这样的做法并不是明智之选，传达太多产品信息，就等同于拿一个石头砸一群鸟，哪个也砸不中。正确的做法是剔除无关信息，只保留产品核心的卖点加以强调和放大。所以，团长在构思社群营销文案的时候，要参考大家都耳熟能详的"送礼就送脑白金"这句广告语，它非常简单而直接地重复一个信息，很容易灌输在用户脑海中并留下深刻的印象。

比如，随机问消费者一些问题，怕上火喝什么？大多数消费者随口能答上来的是王老吉。为什么消费者会这样回答？因为王老吉这个产品一直以来向消费者传达的核心卖点就是这么简单的一句话。

（2）直击客户心底

社群营销文案最忌讳空洞无物，或者娇柔捏造，应该直接陈述事实和要求行动。简单来说，社群营销文案必须给予社群成员想要的信息，而不是一厢情愿地围绕产品做文章。因为人们已经习惯更加自然真实的表达，不喜欢端着的调调。这就需要团长在撰写社群营销文案的时候，能换位思考，给社群成员提供他们想要的信息。

（3）简明深刻具有吸引力

好的文案，必须简短而不简单，总能让人过目不忘、浮想联翩。也就是说，社群营销文案虽然字数少，但一定要意味深长，能够动人心弦，从而成功吸引社群成员的注意力。

3. 说出无法拒绝的理由

写社群营销文案不是洋洋洒洒写上一万字去劝说客户，而是把最重要的一条理由说明白，不用茫然四顾，感觉无从下手，可以准确出击，一语中的，这样做效率要高很多。正如老子所提倡的：无，是一切事物的最高境界。千法万法，不如无法。客户最终选择你，并不是因为你有多么好，而是因为无法拒绝你，一个理由就足够。

让社群成员说不出"不"字的方法有很多，正面的有无法拒绝的优惠条件、无可比拟的优势、包你满意的服务等；负面的有制造紧迫感、引发焦虑和动摇信任等。简而言之，就是在客观事实的基础上，用数据和事实向用户展示一个舍我其谁的理由。

如此，社群成员在没有其他选择余地的情况下，一定会首选团长在社群营销文案中极力推荐的产品。但这样做有一个前提，就是要有道德底线，不欺骗，不随意夸大，一切均以事实为依据，以客观为尺度，站在客户利益立场上公平公正地阐述。以下3个常见的购买理由撰写方法可供团长参考。

（1）卖点的独特性

团长应该明白，独特的卖点是吸引社群成员注意力的关键。一旦吸引了社群成员的注意，接下来团长要做的就是鼓励他们购买。例如，你要面向社群成员推销电热水壶，可以这样写：在过去的几十年间，有一半的电热水壶品牌都被市场淘汰了，让我告诉你原因吧，没有卖不出去的产品，只有卖不出去产品的人。好的团长，总能在社群营销文案中找到一个与众不同的卖点将产品卖出去，这个独特卖点可以与产品本身有关，也可以与产品本身无关。

当独特卖点与产品有关联时，可以展示产品无可比拟的功效、上乘的质量、优质的服务、精美的包装等；与产品无关时，这时销售的就是一种感觉、一种信任。因此，产品的独特卖点是关键所在。

（2）产品的优质性

人都喜欢优质的产品，当物美价廉时，客户就会为得到这个产品采取你所希望的行动。比如，某社群团长的这段营销文案：亲爱的朋友，某知名互联网创富大咖昨晚透露一个惊人的秘密，可以让你不花一分钱7天获得365天的某电视会员，方法实在太简单，现在分享给你。这段文案先塑造产品的价值，然后告诉社群成员如何行动才能得到这个好产品。当然，这个产品必须是社群成员想要的，对社群成员来说才有价值。

（3）产品的稀缺性

俗话说：物以稀为贵。产品的稀缺性运用在社群营销文案中同样是促进社群成员行动的非常关键的因素，如果团长不重视运用这一点，即使社群成员当时购买意向强烈，也会延迟购买，或者当时认为该营销文案不错，但还想再考虑考虑，于是先搁置一旁。事实上，后来很少有人会再想起来购物。所以，千万不能让社群成员等待，也不能给社群成员拖延的机会。

看下边某团长的营销文案：立即来抢吧，300个产品很快就会抢光光。否则，你只能等到下次活动了。但下次还不知道等到什么时候……而且价格很可能再上涨……这里使用的稀缺性是仅限300个，如果错过就只能原价购买。因此，团长可以先用一些神秘好处激发社群成员想了解、想拥有的欲望，再通过稀缺性促使其立即行动。

4. 高频植入产品关键词

关键词是指使用搜索引擎时的提示性文字，可以帮助用户快速找到自己想要的信息。因为现如今互联网中的信息量巨大，这些关键词可以发挥路标和指示牌的作用，帮助用户节省时间和精力，所以现在用户已经非常依赖它。

这些关键词的内容包罗万象，可以是人名、网站、新闻、小说、软件、游戏等，也可以是中文、英文和数字，或者一个字、一个词语、一个短句。如果仔细分类，关键词可以分为短尾关键词和长尾关键词，还可以分为时间关键词、泛关键词、错别字关键词、问题关键词和别名关键词等。

短尾关键词：一般由两个字或4个字组成，如"软文营销"等。

长尾关键词：一般在4个字以上，在文案中非常利于拓展和运用，如"软文营销培训""软文营销机构"等。

时间关键词：关键词中加入最近的时间，如"2019车展"等。

泛关键词：针对一个行业或者品类，如"白酒""房地产""开学季""小长假"等。

错别字关键词：这个方法很直观，也容易理解，如"迅雷（讯雷）""机票订购（定购）"等。

问题关键词：以关键词为核心展开问题，如哪个平台可以保证进口商品是正品，哪本软文营销书籍好。

别名关键词：根据事物本身名称，如计算机（电脑）、移动电话（手机）、番茄（西红柿）等。

对于社群营销文案而言，关键词如果设置得好，可以通过搜索引擎吸引更多社群成员，实现更为精准的传播，也意味着将会有更多的成交机会。所以，团长要根据文案的销售目的，也就是推广的目标对象，围绕产品、客群、品牌等内容，找出营销文案的核心关键词。

同时，产品关键词植入还要注意掌握关键词的选择和植入技巧，并且一步步去做，才能真正为推广奠定坚实的基础，最终推广结果也才能尽如人意。所以，一定要牢记以下3个原则。

（1）第一个原则：忌选取不准

可利用头脑风暴法列出与产品和品牌相关的关键词清单，再一一进行甄选，看哪个关键词更容易吸引流量，哪个关键词可以提高转化率。同时，多考虑一下社群成员的口味，毕竟文案是写给他们看的，只有这样才能百战不殆，让更多社群成员轻松关注社群信息。

（2）第二个原则：忌布局紧密

相关统计机构的经验是，营销文案中植入的关键词一般不应多于6个，不少于3个，不能影响阅读效果。如果一定要多植入关键词，可以多用长尾关键词去拓展，但要避免重复。比如，以"软文营销"为关键词，可以拓展出来"北京软文营销培训""网络软文营销平台"等。

（3）第三个原则：忌本末倒置

营销文案的内容必须与产品相匹配，千万不能为了植入关键词而词不达意，社群成员看到后也不会买账。

5. 逻辑合理最具说服力

有的社群营销文案看起来文采飞扬，但就是不卖货，中看不中用当然不属于好的营销文案。追究其原因，是没有掌握文案背后的逻辑。任何一篇具有商业说服力的文案，都不是随便想想，或者简单写写就能搞定的，都需要花时间思考和梳理，才能呈现出有条理的文字内容。

逻辑，是组成一篇营销文案的基本元素，更是写出好文案的关键所在，可以让文案更加具有说服力。然而，很多人衡量一篇文案的好坏，似乎更习惯用一些感悟的词来形容，比如以"走心""爆文""不自嗨"等作为标准，而对一篇文章最基本的底层框架不够重视。事实上，在文案的策划、撰写和追求转化率的过程中，逻辑的作用极其重要。

特别是一些运营社区社群的新手，很多时候都会忽略这些文案的基本逻辑。比如，前文铺垫时写了很多理由，最后却没有总结，没有给出足够有说服力的观点，这样的文案即便戳中了社群成员的痛点，即便是走了心，也不能成为社群成员购买你的产品的理由。

社群营销文案的本质是与社群成员的沟通，无论你传递了什么信息，都必须让消费者知道你的结论是什么，并且给出支撑你结论的强有力理由。

那么，在实际的社群营销文案写作过程中，有哪些方法可以帮助团长写出具有说服力的文案呢？下面3个方法或许有效。

（1）梳理要点

对于产品要点，社群营销文案要善用归纳法来梳理，并罗列几个不同的事实，然后从这些事实中找出共通点，从而得出结论。只有做到有理有据，得出的结论才更有说服力。但这里要特别注意，一定要避免用个人化的看法或感觉作为理由，这样写出的句子很无力，也没有可信度。比如："我很期待这款产品，它这次一定能实现销量翻番。"这则营销文案缺乏依据，全以个人感觉、想法作为理由，显然一点也没有说服力，逻辑上也是不成立的。

又比如："这款手机拥有超大内存，是送给女友的绝佳礼物。"这是因果关系不清晰而且比较跳跃的文案，可以写得更清楚具体一些："这款手机拥有超大内存,可以装下××张照片,是送给热爱自拍的女友的绝佳礼物。"

只有将要点梳理充分，逻辑链条补足，文案才能有说服力。

（2）分类信息

古人在晚上看星星的时候，会把自己看到的星星联想成各种图案。这是因为人的大脑具有这种本能，能够自动将发现的所有事物以某种秩序分类组织起来。写社群营销文案时可以最大化发挥这种本能，找到重点，梳理层次，让观点表达得更加清晰易懂。

但也不能矫枉过正，认为罗列的理由越多，文章越有说服力。其实这样会适得其反，反而让社群成员看起来费力。所以，你罗列和准备了很多充分的理由之后，还需要将它们归类分组，这样社群成员在接收信息的过程中就会轻松很多。

（3）提供数据

数据是最有说服力的。例如"每分钟销售10件""将1000首歌放进你的口袋"容易打动消费者。社群营销文案如果使用了数据，就更能增强说服力。

3.6.2 社群功能性文案写法

社群营销中经常需要用到的功能性文案包括社交文案、海报引流文案、群公告文案、促销活动文案等。下面具体介绍这些功能性文案的写法。

1. 社交文案

在社区社群，团长如何写自我介绍才能让人眼前一亮，并记住你呢？推荐"6个1"模板。

1个身份：突出你的职业。

1个数字：展示你帮助了很多人。

1个权威：用权威机构和名人背书。

1个成绩：展示你曾经在某个领域获得的成绩。

1个表白：表达你很乐意为大家服务。

1个红包：收获潜在客户和人脉。

2. 海报引流文案

在写海报引流文案之前，要先问自己6个问题：我要干什么？用户是谁？他们遇到什么问题？我能帮助他们做什么？他们立刻行动有什么好处？他们不行动带来的损失是什么？

根据这6个问题，就可以成功写出一篇闭环文案，如果把这6个问题的答案变成海报引流文案，关键点就是：标题引起注意，挖掘用户痛点，解决问题方案，权威证明，限时限量促销，零风险承诺。

3. 群公告文案

社区社群的群公告文案要提前预热，可以在活动开始几个小时前发，并配上红包吸引社群成员注意，之后开始预热正式活动，活动内容介绍要突出优惠政策、价格比市场低，然后引导拼团，疯狂晒单，把社群气氛推向高潮。

4. 促销活动文案

社区社群中经常用到促销活动文案，如活动预热、成交时。下面提供3种社群促销活动文案的模板。

（1）模板1：比例偏见

买298元的榨汁机，送89元的杯子，社群成员都会无感。但如果是买298元的榨汁机，加1元送89元的杯子，就好像一下子有88倍的回报，这样的文案更有促销效果。

（2）模板2：打×折和买N送1

买N送一的效果其实比打折效果更好，可实现薄利多销。对社群成员来说，虽然打折力度可能更大，但买 N 送 1 却会获得更多商品。

（3）模板 3：拼团

引导社群成员参加拼团可以省很多钱，拼多多就是这样的套路，把自家的产品和其他知名的产品搭配起来销售，比如将化妆品和纸巾一起卖，价格要低于两个分别单独卖的价格，也很吸引人。

3.7 社区团长收发货及售后事宜

3.7.1 5 个收发货步骤

第一步：团长将货物拉回仓库并分类入库，需要打包的按照打包要求和标准进行打包分装，不需要打包的确认好后即可入库。

第二步：核实整理好的配送单，并确认无误。

第三步：按照自己的配送时间安排送货。

第四步：整理完之后，为确保配货无误，可以查看一下实际库存和理论剩余库存是否一致，数据无任何异常则按配送单配送到小区，然后通知客户取货即可。

第五步：如果客户提货存在一定的困难，则一定要妥善解决好，是给客户送货上门还是放在自提点让客户自取，取决于团长自己的业务安排。

3.7.2 售后处理

下面以多多买菜为例说明社区团购团长进行售后处理的一些流程和规定。

① 司机送货到门店的时候，团长不可以当场拒收部分货物。即使部分货物破损，也必须先留下，有问题可以等司机走后代消费者申请售后。

② 团长不可以拒绝将退货给到司机或私吞退货，如果司机反馈有这种情况，团长将受到重罚。

③ 对于用户发起的售后申请，团长一定要在3小时内审核货物在哪里，早审核，早处理。

④ 用户把退货送达门店后，团长一定要尽快在手机上点击确认收到货，早确认，早退款。

⑤ 团长自己申请的售后，如果被判定为退货，也需要在3小时内在手机上点击确认收到货，早确认，早退款。

⑥ 如果司机送货的时候团长不在门店，一定要想办法将前一天的退货交给司机，比如可以提前把退货装在箱子里放在门口，电话或者微信联系司机，让司机第二天取走。

⑦ 团长要监督司机操作收取退货的情况，如果司机乱操作，用户的钱退不了，会投诉门店。

此外，社区团购团长还有一些处理售后的方法及技巧，具体如下。

1. 如何判断是否可以申请售后

售后范围：①腐烂变质、变味、损坏等影响食用或正常使用的问题。②重量不够，订单上有写一份多少重量的，但实际重量不足，不在其标示范围之内。

不在售后范围：①水果太大、太小、花皮、太酸/太干。②不喜欢、不想要了、不好看、不好吃等主观想法。③对于一些需要放置一段时间才能熟的水果等，客户生劈导致不能食用，如榴莲、菠萝蜜等。④鲜花轻微脱水。

2. 售后注意事项

① 团长申请漏货要核实清楚再处理，第一次虚报漏货，罚款 200 元，第二次佣金扣掉直接解约。只要当团存在虚报漏货行为，整团售后都不会处理，将会被全部驳回。

② 对于任何售后问题，团长都可以在小程序上申请操作，也可以由自己申请，团长只需在后台"退款审核"中审核一下。如果符合情况，团长点击"通过"即可；如果客户虚报，团长可以直接写明缘由后驳回。

③ 对于存在坏果的情况，可以按比例处理。例如，一份苹果有 10 个，坏了 4 个，申请比例为 40%，上传相关商品的图片，拍清楚是什么问题，然后再备注一下。如果不能准确判断坏果情况，那就把整体情况拍照留存并上传系统，让社区团购平台的售后客服来核定赔付比例。

④ 价格低于 50 元的产品，如果出现变味发酸之类的情况，如螃蟹、鱼类等鲜活产品，照片反映不出来品质如何，可以在规定时间内提交售后申请，然后丢进垃圾桶拍照或者录视频，再与社区团购平台的售后客服沟通。如果价格高于 50 元的商品，要先私聊社区团购平台的售后客服，然后再进行处理。

第4章

社区团购新五力模型

社区团购管理是一个综合性很强的管理体系。它非常专业，也非常实用。对于很多企业而言，导入社区团购管理系统，是一个需要充分思考和战略性规划的事情。

传统企业习惯用4P（产品、价格、渠道和促销）来规划和指导企业营销，感觉企业围绕这样的专业模型已经走到了尽头，特别是在当今电子商务和网络直播带货的新商业环境下，企业发展找不到好的着力点和引爆点。所有社区团购管理系统特别提出用新的"人货场"来规划企业的商业模式，无疑具有突破性。

但社区团购的"人货场"到底怎么做却是一个理论到实践的复杂体系。它包含理论的风口力、模式的整合力、团长领导力、服务的创造力和运营的社群力。这样的"五力系统"就是未来社区团购管理的关键要素，必须系统理解，专业掌握，灵活运用和系统更新，社区团购新五力模型如图4-1所示。

图4-1　社区团购新五力模型（中商商业工程技术研究院整理）

4.1　理论风口力

《2021上半年度社区团购投资融资数据报告》表明，2021年1月—5月，社区团购跑道仅有8起股权融资；而2021年1月—5月公布额度超262亿元，高过 2020 年全年度，创历史新纪录。

从以上这组数据可以看到，社区团购销售市场依然火爆，依然占据着各大媒体的头版头条，在理论上仍处于"风口"时期。

所谓的"风口行业"，主要是针对创业人群而言的，代表着赚钱机会比较大的行业。虽然"风口行业"受人瞩目，但也意味着市场竞争压力比较大。特别是在互联网时代，信息灵通，只要是在"风口"上，稍有征兆便会吸引成千上万元资产的关注，而社区团购就是这样一个典型的例子。

《2021 年社区团购投资融资数据报告》明确提出，2021 年这一行业吸钱超出百亿元，同比增加超出 300%。有关数据显示，2022 年我国社区团购市场容量超出了 8000 亿元，预计将来还会有所增加。

虽然在 2020 年，政府部门就对社区团购开展了"减温"并针对有关公司训话，但是根据数据来看各大型企业都不愿意放下这块"蛋糕"，而是期待社区团购能健康发展，给社区居民带来便捷和实惠。

中商研究院给出了以下观点。首先，社区团购平台的商品以满足社区居民的基本日常生活需求为主，具有刚性、高频的特点。这种消费如果与社区居民的消费习惯联系起来，将会具有非常可观的发展前景，成为社区团购平台获取新增流量的重要渠道。其次，社区团购可以有效刺激消费，因为对于线上线下的商超和农贸市场来讲，消费者会按需消费，而社区团购是在互联网平台上售卖产品，所有产品几乎都可以展示出来，消费者可以随意浏览，进而很好地刺激消费，达到创造需求的效果。再次，社区团购模式的出现，对于传统商超和传统商业形式都有一定的影响，消费者的消费习惯正被其一点点改变。从长远来看，社区团购不会对传统商业模式造成颠覆性的冲击，因为社区团购不能一直走低价补贴的模式，最终还是要回归到稳定的、正常的发展轨道上来，否则它会给消费者留下低价、爆款、货物品质稳定性差的购物体验。

综上所述，虽然社区团购很热闹，发展也疯狂，在满足居民日常生活消费方面具有十分明显和突出的优势，已经成为整合社区居民生活的一个重要消费渠道。但社区团购模式的发展还有很大的发挥空间，正处于探索发展期，在物流、营销、管理和基础设施建设方面都需要进一步完善。此外，团长的忠诚度和用户的黏性还需要加强，还存在谁家补贴多用户就会去哪里、谁给的佣金多团长就会跟着谁走的现象，这些弊端还需要进一步解决。

理论创新决定一个事业的成败。我们从2007年开始一直关注管理理论的中国化创新，提出"管理哲学与哲学化管理""营销变革新思维""整合能力战略""中国连锁学""商业信用评级体系"等富有中国市场特点的管理理论创新，对中国企业而言，新的管理思想直接决定着自身的行动力和价值，甚至结果。

社区团购理论创新是中国流通产业理论的一个新的领域。其一，本书认为社区团购理论是流通产业理论创新的"最后一公里"，具有广阔的理论创新空间；其二，营销理论认为渠道建设与直接消费者结合的社区团购是对经典营销理论的拓展，这里面会产生真正的营销新学；其三，服务营销理论之前以纯商业为核心，社区团购对服务内容有更深远的拓展，需要对社会公益形式进行覆盖和融合，这里面会产生很多的管理创新思想；其四，社区团购重视线下服务和服务流量变现，目前这样的理论研究比较稀少，需要丰富和完善；其五，社区团购和我们经常讲的企业的社会化运动有着直接关联，需要进一步补充和完善，有着强大的理论生命力量；其六，社区团购管理的精髓在于对传统企业管理的再设计、再定位、再组织，和定制经济等多种创新经济模式紧密结合，将诞生重量级的理论新物种；其七，企业社区团购部门将会升级为战略研究和规划部门，对企业本质的改变和发展将是变革性的，因此一定可以改变企业的管理体系。

以上可以说明，社区团购理论将是一个中国市场管理理论创新的"风口"，目前是一股清流，它正荡涤着种种浊流，滚动前行，在未来10年将会形成中国管理理论的新高度、新潮流。

4.2 模式整合力

所谓模式，就是基于创新战略的商业逻辑。这里面有两个关键点。一是创新战略。目前中国企业战略以竞争战略为主，还包括成本优势战略、聚集战略和差异化战略，基本属于静态和经典模型。在中国，这样的战略思想在互联网时代，特别是在后疫情时代，无法满足企业所需，也无力改变企业现状。

我们提出的创新战略是基于整合思维能力的战略思想。企业真正满足和理解消费者需要，并用整合资源的方法找到运营路径，这样的创新战略就是商业模式的逻辑和基础。

二是商业逻辑。不管是出于企业自身需要还是出于顾客需求，看起来这样的出发点没有什么本质冲突，但目前企业的商业逻辑正在逐步改变，这种改变是基于商业市场的创新要求的。

社区团购模式的重点在于资源整合，必须要整合好社区配套的各种服务设施，如服务居民的居民委员会资源、社区周边物业资源、相关店面资源、闲置物业空间；必须要整合好相关人力资源，如社区志愿者、退休居民、其他热心服务社区的人士。这是社区团购模式的关键所在。

从收益模式角度来看，社区团购模式致力于实现产品收益和服务收益等。

社区团购模式具有极强的整合力，不管是个人还是企业，只要有自己的供应链体系，有持续供应的货源，有好的热销产品，有一支专业的运作团队，有一个社区团购的管理软件就可以做起来。

众所周知，社区团购采用的是预售拼团的方式，通过线上线下的合作来运营，利用微信这个超级流量入口，以社区强信任关系为背景，实现快速的引流、裂变。

中商研究院认为，玩转社区团购，可以采用以下几个方案来整合实体经济，推动流量变现。

整合方案一：现如今社区团购的 SKU 数量越来越多，有的甚至达到了几千上万种，不再局限于日常消费品，还包含了家庭服务之类的内容，如家政、干洗、宠物照看等，这些行业与社区居民的生活紧密相连，属于刚需服务，具有非常大的消费市场，潜力无限。

整合方案二：国家一直鼓励社区经济发展，不断出台各项政策，加快推进城市一刻钟便民生活圈的建设，所有这些都推动社区经济的崛起，其持续性发展会成为必然趋势，其下一步发展可以称为"社区团购模式的升级"。未来，社区团购能更好地结合社区周边的需求提供服务，减少不必要的成本，提高社区资源的利用率。

整合方案三：了解本地资源特点，关注本地商品、价格优势，尤其要关注本地商家的诚信。

4.3　团长领导力

所谓社区团长，规范的说法是社区服务者、社区服务志愿者，本质是围绕社区居民在衣食住行中存在的需求而提供服务的一类人群。其工作具有社会性、公益性和市场性的特点，因此对于从业者而言，具有一定的挑战性。在这样的意义上，团长领导力才显得非常关键和重要。

领导力的概念来自近代管理学，是在复杂的组织环境中，领导一个组织或者一项业务的能力，要求领导者具备系统的个人能力和专业素养。在经典的领导力课程中，领导力包含以下几个方面内容：感召力、激励力、高效沟通能力、个性化领导能力和团队合作能力。这样的系统领导力培养对于一个人来说，是一个全面专业能力提升的过程。

在社区团购的组织体系中，社区团长需要全面审视"人、货、场"的资源配置，需要在社区服务和市场需求方面找到平衡点，在这样的复杂需求情况下，社区团购从业者领导力的修炼就成了一项现实和紧迫的任务。

我们在调研中发现，业绩好的社区团长无疑具有一定的领导力。在对团队的长期跟踪中，我们发现社区团长领导力还具有以下几方面的特色。

① 对社区团购工作深信不疑。随着新冠疫情的结束和社区生活的常态化，很多人对社区团购工作的未来产生了怀疑，认为这个工作没有前途，于是逐步从专职的状态转型到兼职状态，甚至不少人逐步退出了这个行业。但事实上，这样的认识本身就是错误的。社区团购的本质是通过社区服务促进社区居民消费升级，这是一个持续的发展过程，也非常符合国家经济的高质量发展目标。在这样的职业困惑过程中，团长领导力在趋势发展判断、职业前途抉择等方面发挥着十分重要的作用。社区团长如果不能坚信社区团购事业的光明前途，就很难克服短暂的眼前困难。宝妈帮团长就是这样的一个典型案例。新冠疫情结束后，社区团购一段时间业务减少，社区居民对团购产品有更多更高的要求，宝妈帮团长面临不少问题，部分人离开团队。为此，宝妈帮团购平台负责人积极开展市场调研和社区居家调查，决定在康养服务方面寻找性价比高的产品和服务，对接了部分康养品牌，增加了满足养老需求的新服务内容，并在相关的社区附近增设了服务场所。之后，宝妈帮团购平台在食品方面提质增效，同时开拓了社区康养服务的新市场，取得了很好的业绩，受到社区居民的肯定。

② 引导物业和居民委员会支持社区团购服务。社区团购工作涉及面广，需要取得物业和居民委员会的支持。所以社区团长应发挥较强的沟通能力，争取把自己的社区团购工作和居民委员会的服务理念结合起来，替居民委

员会办好事、做实事，赢得组织的信任。

③ 发挥社区文化的作用。以上海为例，社区文化服务的社会组织有近百个，利用好这些社会组织就是搭建了一座很好的桥梁。上海老来福团购平台就做出了很好的示范。该团购平台利用一个社区文化服务的民非组织开展持续性的社区活动，如读书会、音乐会、爱老日活动、送温暖到家活动等，获得了社区居民的好感，社区居民参与活动的积极性也越来越高。在满足社区居民基本生活用品需求的同时，该团购平台还把艺术文化、图书、旅游等服务内容渗透到社区团购中，产生了非常好的社会效果，也收到了很好的市场效益。

④ 积极引导社区志愿者加入社区团购团队。社区团购作为一个非常有价值的商业模式，必然需要一个长期的引导和推动的过程，也必然需要一大批社区志愿者们的加入。团长领导力正体现在对这项事业的推动和引导中。中健团成立的上海商业经济学会社区团长工作委员会，在推动社区志愿者加入社区团长工作方面做出了重要的贡献。2021年以来，共有3689名社区志愿者正式开始从事社区团购工作，为这项事业注入了新鲜血液。

通过以上的描述，我们可以看到，社区团长的领导力在中国社区团购的发展中起到了非常重要的作用，也不断深化着中国社区团购的服务内容，对这个职业的专业化和职业化发展也产生了非常重要的作用。

4.4 服务创造力

服务是社区团购的生命力所在，著名管理专家尹传高对社区团购的本质做了非常明确的定义，即通过所谓"服务流量"来创造价值。他进一步提到，中国消费升级存在现实困境，好的产品找不到自己的客户，而真正有需求的客户又找不到可信赖的服务。在这样的背景下，社区服务可以通过创造"服务流量"来实现好产品与好用户的对接。

这种服务逻辑在商业模式创新上就出现了"定制经济"这样的新物种。定制经济真正把客户需求和基地产品有效地结合起来，是对传统的供产销的革命性冲击，同时也将社区团购的价值提升到了未来的范式中。

上海凌一团就是这样一个团队，他们通过自己开发的一个小程序，持续跟踪和收集社区居民商品需求和服务需求，创造了"需求刚刚好100"的新模式。比如，某居民的大米刚刚吃完，不用打电话，就有服务团队把他需要的新米送到家，还顺便把他家的垃圾带下去，有时还会送上某款新的大米样本给他试吃。社区居民亲切地称呼他们"团亲"。定制经济通过社区团购得以实现，这种我们以前只在大学课堂里设想的新的商业模式如今走进了现实。

谈到服务创造力，我们可以回顾一下管理学的经典模型。它包含这样的几个元素，即客户期望、服务设计、提供服务、服务差距等。我们可以看到弥补服务的差距来自我们的服务调研和服务执行过程的创新管理，如果我们总是能够带着极致创新的思维和理念提供服务，我们就可以超越顾客期望，找到最佳的服务模式，赢得服务流量的价值。

在具体的社区团购体系中，我们提出了3S的社区团购管理模型，如图4-2所示。

图4-2 社区团购管理模型

由图 4-2 可知，3S 的社区团购管理模型包括 3 个要素，分别是管家式的服务、强有力的供应链和及时的服务场景。这样的社区居民服务对于我们来说，就是创造服务力的过程。

我们所说的服务创造力不仅是对传统服务的综合，更是对把自己的服务定义为"管家顾问"的服务模式的总结。我们把这样的创造力服务体系总结为以下几个方面。

1. 专业主义

只有把专业主义的服务转化为价值，我们才可以把服务流量转变为生产力，这是新的商业环境下社区团长或者社区服务专员应该具有的价值。

2. 系统思维

社区团购工作看上去简单易行，但天下之事，难在持续坚持。社区居民需求千差万别，产生效益又是细水长流，因此要用系统思维强化团队的服务能力，只有服务体系化了，我们在长期的社区服务中才可以找到坚持下去的动力。

3. 满足人性

社区服务要善于挖掘人性，满足人性，我们可以利用产品或者服务优势，让社区居民享受一些免费的产品或者服务，加强对产品和品牌的认知，这样的信任度建立是非常必要的，也是社区团购服务创造力的一个重要方面。

4. 实践第一

服务创造力来自实践，只有丰富的实践才可以锻炼队伍，完善理论。中国社区团购管理一直在寻找本土化的市场理论创新，我们在对上海社区团购的管理调研和研究中，更强化了"实践第一"的认知。

社区团购的全部工作都是围绕新的"人、货、场"开展的，在这样的工作实践中，服务的升级和创新是工作的核心。我们要有对服务的全新理解，在服务创造力上下功夫，在系统性和专业化上下功夫。

4.5　运营社群力

运营社群好坏是社区团购成败的关键。社群是基于信任而形成的经济模式，对社区团购来说，社群一方面是工具，另一方面也是信任经济的升级。

传统的运营社群的目标是使社群成员以一定纽带联系起来，产生共同目标和持续的交互，有共同的群体意识和规范意识。

在社区团购中，运营社群能力显得尤其重要。虽然社区团购以线下服务为主要表现形式，有居民委员会等组织背书，但运营效率对社区团购的发展影响较大。在实践中，社群的前期和后期维护都是非常关键的。

以上海千城茶局为例，该团购平台通过每天晚上的腾讯会议吸取流量，把不同需求的人群联系起来，将"团购节""五五购物节"等推介活动作为运营社群的重点，通过不断的线上社群会议，把社群效益发挥出来。很多人通过转介绍、参与公益的方式走进社群，为团购决策和服务打下了很好的人员基础。

线上线下结合是社区团购中运营社群力的核心，我们把样的社群称为"新社群"。新社群具有以下特点。

① 体现了服务流量价值。因为运营社群的目标是要实现社区团购的量与质的提升，其对应的是一个综合性的评价指标，所以，做好运营社群管理是一个非常重要的基础性工作。

② 具有主题性。在运营社群中，要持续开展主题性活动，为此我们要有系统的市场调研和策划，结合社群服务的新特点，针对不同的对象做好各种不同的主题性社群活动。我们可以和品牌方有效对接，把购物、服务、诊断和咨询等有效地结合起来。

③ 专员负责。运营社群落地要求高，因此需要有专员负责，有人落地，有人策划，有人组织。上海网吃团就是一个很好的例子，该团有一个3人小组，主要负责主题选定、策划、文宣和活动执行。所有运营社群工作都做得有色有声，在获得良好社会效益的同时，社区团购也获得了持续增长。

运营社群力是社区团长在处理社区团购整体业务的一项重要能力。同时，社群是一张关系网，可以把各种资源有效整合起来，可以把社区居民的物质需求和文化需求结合起来，可以把社会效益和经济效益结合起来。所以，我们只要做好运营社群，就可以在社区团购管理中开好局、做好事。

后 记

中国职业经理人前后 30 年

新冠疫情期间,商业受创。当前,国际经济格局大调整,产业机会若隐若现,职业经理人面临诸多抉择。

早前,我参加了上海滩一个社区大咖组织的社区沙龙,他说要在新冠疫情平复后的关键时机,组建一个由 1000 位企业家组成的新社群,并会在 2 个月内影响"魔都"。"共生共建,合并理想"已经成为多数社群意见领袖关注的主题词。此时此刻,企业人的价值、领导力的价值、职业经理人的价值都在发生根本性的改变。

当前,人的思维重点发生了改变,商界都在谈社群,谈生态链,而 30 年前,人们都在谈关系,谈价值链。这既是商业思想的传承与改变,也反映了职业经理人这个圈层思维方式的变革和商业本质的变迁。

中国职业经理人的前 30 年

这个时期,也可以通俗易懂地说是中国改革开放的初期,职业经理人是指那些民营经济的创业者和为民营经济出谋划策的策划人和咨询顾问。

职业经理人的概念准确地说来自西方。通用电气前 CEO 杰克·韦尔奇出版了《赢》,这本由世界第一职业经理人写的书让人们开始重视职业经理人，并为之定义价值和给予尊重。

之后，日本大前研一出版的《专业主义》风靡一时，职业经理人的专业主义属性给时代留下了深深的烙印。咨询顾问将西方的传统管理思想结合中国企业实践开发出很多管理工具、管理模型，为中国企业发展和职业经理人的成熟壮大做出了卓越的贡献。

渠道是职业经理人的优先战场。我一位同事所著的《职业经理人的实战手册》多次再版，发行近百万册，可见其影响力之深远。该书主要是对渠道建设、县级市场建设、营销团队建设、经销商管理做了很具体的总结。我们所熟知的很多家电品牌的高管都是他的学生。一个渠道建设的"五星级管理"就可以打遍天下无敌手，企业很愿意花大价钱做这方面的咨询。由此可见，那一时期的很多职业经理人都是基于渠道建设和经销商管理而立足的。

开疆辟土的总是第一代，第二代职业经理人的使命是品牌和连锁建设。《定位》一书的流行在于其回答了职业经理人在面临企业竞争时，如何思考做深做细。《无限连锁》和《破局》是尹传高在20世纪90年代出版的作品，提出了职业经理人在市场变化中，需要提升战略架构能力和变革能力。这个时期的职业经理人已经非常吃香。企业经营者面临着竞争复杂化的问题，产品开始滞销，人员管理面临困难。

宗庆后等是"渠道为王"时代的产物，也是那个时期职业经理人的杰出代表。他们从基层成长，和经销商构建起命运共同体，是企业品牌成长的关键。张瑞敏的"日清日结，日清日高"管理模式从渠道为王转变到管理为王，是职业经理人不断成熟和理性的表现。管理之父德鲁克关于时间的管理、关于实践的管理都对职业经理人的思想产生了非常重大的影响。

当案例教育在中国的商学院开始流行时，职业经理人的综合管理能力和运用管理工具的能力就变得非常重要。游学是在案例教学的基础上兴起的，我记得丰田生产方式就带动了中国一大批职业经理人在世界范围内寻找标杆管理。而标杆管理正是职业经理人重实践的体现。拿来主义和实用主义是中国职业经理人前30最明显的符号和时代标签。

中国职业经理人的后30年

此时此刻,有人在迟疑,有人在布局。线上商业模式已成定局,未来,决胜的战场在线下,职业经理人后30年的思维框架已经逐步成型。

独木不成林,社群思想和私域流量是职业经理人经营的重要资产。资源整合和虚实结合是职业经理人的能力和核心所在。企业已经不再是一个封闭的组织,而是成为一个相对开放的自组织,要形成这样的生态,职业经理人的领导力就比在前30年显得更加重要。

创新工具的能力既体现在继承经典的管理工具,还需要整合看不见的力量,发展新工具。直播、视频号、短视频矩阵等新型工具在职业经理人的工具库里已经是必不可少的了。

做活是职业经理人的硬功夫。所谓做活,就是要做活硬资源、硬产品、硬管理,在其中注入思想的力量,把企业复杂的生态系统转化为可以赋予价值和思想的平台。只有创新,建立真正的系统更新哲学体系,才可以实现做活。

做活体现在能够帮助企业实现高质量创新,推动消费升级。未来竞争中,小就是大,少就是多,为此必须要实现企业供给侧结构性改革和消费再升级再增长。

智库的力量在未来30年将是神话一样的存在。没有企业可以在没有智库的情况下于市场中存在,没有品牌可以脱离智库而存活。这是企业必须要承担的成本。由此可以看出,职业经理人的思想境界和综合能力将决定企业的层级。

我们应该看到,社会化企业的浪潮已经到来。社会化属性将对企业的经营和管理带来具有革命性的冲击。任何一个企业,即便它是很弱小的一员，也需要关注乡村振兴、社区服务、元宇宙和人工智能的未来。更关键的是，任何企业都要把社会责任和创新放在突出重要的位置。因此，在未来，职业经理人必须具备相应的能力，需要持续的终身学习的能力和觉悟。

所以，尹传高在写作《中国社区团购管理》时，是站在企业职业经理人的新视角的，包含从社群到社区、从线上到线下的变革，就业和服务，消费需求的创新和创造。对于任何一个职业经理人而言，这样的角度将是前所未有的。对于传统的价值链理论而言，这是革命性的变化。

以上就是尹传高对职业经理人的一些思考。在这样的时代，灰色是主色调，没有什么是绝对真实可信的。唯有变化，唯有更新，唯有我们不断提升认知境界和格局，我们才是具体存在的。在这样的时刻，我们才明白，过去的30年，不过是弹指一挥间，我们沉淀了一些理论的价值，从我们自己写的书中可以看到一些未来的光明。而在后面的30年中，我们可以预期，思想的本质、商业的本质无非是人全面发展的本质，一个健康的企业，一个企业的品牌都应该包含着时代哲学的精华。唯有如此，我们才可以走进智慧之门，深得智慧之道。